天下文化
BELIEVE IN READING

異見的力量

心理學家的7堂決策思考課

查蘭・內米斯
CHARLAN NEMETH——著

王怡棻——譯

In Defense of Troublemakers
The Power of Dissent in Life and Business

目錄

獻給
教導我關懷的生命導師瑟吉（Serge）、
亨利（Henri）與萊恩（Len）

以及
教我愛的布蘭登（Brendan）
與勞倫（Lauren）

致 謝

　　如果不是以下三位影響我一生的教授，這本書不會完成。這是一本很個人的書，他們不只影響我的專業，也影響了我這個人。他們影響我的，包括我接觸的問題，以及思考這些問題的方式，甚至影響我在職業上的選擇。因此，我要在致謝中，表達我對他們的感激之情。

　　萊恩・伯克威茨（Len Berkowitz）是讓我留在這個領域的主要功臣。研究所念完一年之後，我曾想放棄學業去找工作，而我也真的找到了工作，但仍在繼續追尋對生命真正有意義的事物。萊恩找到一個把我留在社會心理學的方法 —— 他安排我當牛津大學亨利・泰弗爾（Henri Tajfel）為期一年的研究助理，希望我能從中找到意義——最後證明他是對的。

　　談到把我留在這領域，我應該也要感謝孟山都（Monsanto）。他們提供兩個工作讓我選擇，其中一份是公共關係領域第二高的職務。在與最高階主管的面談中，他清楚告訴我，他會錄取我，但建議我回絕，因為他感覺孟山都無法滿足我對知識的興趣，我應該

完成我的博士學位。後來，他的確錄取了我，而我也聽取了他的建議。

亨利‧泰弗爾讓我再次關心這個議題，他是一位活力充沛、才華洋溢，有時甚至有些瘋狂的波蘭猶太人，二戰期間曾被關在戰俘集中營長達五年。泰弗爾對一些重要議題特別有感覺，當時正在解決群體關係的棘手問題。那時是我第一次出國，我在我們的研究中找到目標與熱情，決心繼續投身研究領域。是亨利帶我和尼克‧強生（Nick Johnson）參加歐洲心理學協會（European Association of Social Psychology）的第一次會議。這是一個小型的會議，與會者包括歐洲方面的重要學者以及我和尼克，我們是唯一的學生——亨利破格讓我們參加。在那次的會議上，我遇見瑟吉‧莫斯科維奇（Serge Moscovici）。

莫斯科維奇對我的職業生涯影響最大。他也是二次大戰時期的東歐猶太人，骨子裡是一位真正的文藝復興人，飽讀詩書並廣泛涉獵科學、歷史、政治和社會學等各種領域。他比任何人更懂得少數聲音的潛在力量。就像冥冥中注定般，獲得博士學位不久後，我有幸以客座教授的身分與他和亨利一同共事。不久之

前，瑟吉完成了關於少數派觀點如何進行說服的第一個實驗性研究。

這三位教授對我個人也非常重要。萊恩對我早年尤其關鍵，每當我衝動想轉換跑道，他總是用智慧勸導我留在這個領域。當我有困難時，像是我母親突然過世，或是其他時候，像是我幾乎做出愚蠢決定時，他總是在我身邊。或許亨利比我認識的任何人，更能體會並了解悲劇。然而，我對他的回憶總是夾雜著幽默。他衷心意識到人們有多滑稽可笑、自負而不可一世。然而，當我們在討論社會身分、偏見，與群體關係時，我們的對話總是非常嚴肅。三十多年來，我都一直尋求瑟吉的建議，不論問題是關於轉職、婚姻，或生活中遇到的任何失敗與挫折。他或許是我認識的人中，最聰明也最複雜的一位。在我眼中，沒有人比他更了解影響力與權力，他從來不在隔絕的環境研究這些議題。他讓我相信，所有的研究都必須適用於我們周遭的世界。

我虧欠這三位教授良多。他們三位現在都已過世，萊恩是最近過世的一位。事實上，他是我在撰寫這篇謝辭時過世的。我對他們三人甚感悼念。

另外對我的思想、專業與人生決定有重大影響的教授還有密特・羅斯伯格（Milt Rosenberg）、卡爾・威克（Karl Weick）與巴伯・薩容克（Bob Zajonc）。他們各有特別的地方。我也要謝謝我認識多年的優秀學生，包括凱特・布朗（Keith Brown）、辛蒂亞・奇利斯（Cynthia Chiles）、傑夫・恩迪科特（Jeff Endicott）、傑克・岡卡羅（Jack Goncalo）、茱麗・關（Julie Kwan）、奧發・梅西利斯（Ofra Mayseless）、艾力克斯・歐康諾（Alex O'Connor）以及朗達・帕傑克（Rhonda Pajak）、約翰・羅傑斯（John Rogers）、傑夫・雪爾曼（Jeff Sherman）與喬爾・瓦奇特勒（Joel Wachtler）。我打從心底感謝他們。

　　在個人方面，沒有人比我的兩個小孩布蘭登（Brendan）與勞倫（Lauren）更重要。兩個人都很獨立，也完全懂得伸張自己的權利，有時甚至有些過頭。他們是我一手養大的孩子。是他們教導我什麼才是重要的，以及如何去愛。以他們優先讓我保持謙遜，雖然布蘭登的孩子讓人那麼寶貝，幾乎快要取代他們在我心中的地位了。

　　撰寫這本書是一段漫長且充滿省思的過程，這本

書基於許多實際案例、行為觀察與測試以及其他一連串實務而成。自始至終，我都要感謝我的經紀人麥克思·博客曼（Max Brockman）。從他聯絡我的那一刻起，就一直是我的指路明燈。他真的既優秀又聰明、體貼，工作表現出色。還有我的編輯T.J.凱利赫（T. J. Kelleher），從我們第一次在電話交談，我就知道他是對的人，他和助理編輯海倫·巴特萊米（Helene Barthelemy）對我來說都是無價之寶。

我也一定要感謝喬納·萊赫爾（Jonah Lehrer），因為他在採訪與著作——尤其是在《紐約客》（*New Yorker*）的文章中，出色地報導了我的研究，才讓我引起博客曼的注意。此外也要謝謝我之前的研究生歐康諾，他知識廣博，在檢查手稿與參考文獻的正確度上幫了大忙，而且還告訴我哪些部分有趣，哪些則不。我還必須感謝Abigail Hodgen Reynolds基金與柏克萊大學文理學院（College of Letters and Science）主任卡拉·海斯（Carla Hesse），謝謝他們提供歐康諾的獎助金。

我還要感謝國際女性論壇（International Women's Forum）北加分部，他們在寫作過程提供我許多採訪

機會與支援。還有，我也要感謝兩位出色的醫生，他們是我能想到最聰明、最關心他人的人，讓我以開懷大笑度過某些低潮時刻 —— 潔西‧杜賀曼（Jesse Dohemann）與傑卡布‧強生（Jacob Johnson）醫生，謝謝你們。

最後我要感謝舊金山所有超棒的咖啡館，允許我長時間坐在我的電腦前，即便我只點了幾杯咖啡。或許，我也該感謝我的物理治療師彼得‧羅斯布萊特（Peter Rothblatt），他讓我的脖子與肩膀從長時間專注的痠痛中獲得紓解。

小心共識，
擁抱不一樣的聲音

　　這本書基本上是關於人們如何決策與判斷，特別是別人如何影響我們的判斷。他人影響我們的方式，差異性很大，取決於他們是有「共識」的多數，或是表達「異見」（dissent，在本書中主要是指在團體中提出不同於多數的意見或立場）的少數。從這本書你可以了解，共識會動搖我們的判斷，即使錯誤，就算事實擺在眼前，我們還是會受到影響。

　　共識更大的危害在於，不論我們是否與多數人持相同意見，它都會改變我們的想法。接觸多數意見後，我們會開始以多數人的觀點看世界。不論我們是尋找、解讀資訊，使用策略解決問題，或是尋找解決

方式，往往只落入狹隘的思考——也就是從多數人的角度去思考。從眾的結果，讓我們做出乏善可陳的決定，思考的創意性也降低了。

異見——少數人的聲音，也會影響我們。提出異見的人同樣也能說服我們接納非主流的意見，雖然這是場艱難的戰役，但他們能讓我們同意他們。異見者用以說服我們的「為何」（why）和「如何」（how），與主流派大不相同。異見者說服的方式比較迂迴，需要更多時間，在提出論點時也更需要更多鋪陳和技巧。

或許最重要的是，異見能形塑我們思考議題和達成最後結論與決定的方式。當我們聽取少數意見時，思考會有別於聽取多數意見時那般局限。事實上，異見拓寬了我們的思考面相。當我們接觸不同的聲音，就能以更開放的心態，從更多元的角度去思考。當我們考量更多訊息與選項，就能運用多重策略去解決問題，能思考得更多元、更有創意。聆聽不同的意見，對我們的決策品質至關重要。整體而言，共識會降低人們的決策品質，而異見有利於做決策。

雖然異見對決策帶來諸多益處，但是抱持反對觀

點的人要表達意見並不容易。當我們與周遭的人想法或意見不同，常不確定自己是否正確。事實上，我們常會認為「多數就是真理」，發現自己是少數時，就會覺得一定是自己錯了。此外，我們也擔心身為異見者會遭到揶揄或排斥，於是我們猶豫遲疑，低頭不語。然而，沉默其實茲事體大，若個人不勇於發言，團隊會受害並錯失良機。更糟的是，當團隊被迫做出快速判斷，只從單一觀點思考，往往會做出糟糕的決策，甚至是致命的錯誤。

1978年聖誕節的前三天，聯航173號航班從紐約甘迺迪機場飛到奧勒岡波特蘭，預計要在傍晚五點多抵達，中間要在丹佛暫停。總共有一百九十六人登機，機組人員經驗豐富，一切看起來都沒有問題，就像每天的例行公事。

當飛機接近波特蘭，該是放下起落架的時刻。突然，飛機發出一個巨大聲響，開始左搖右晃。有地方出問題了！機組人員開始懷疑起落架是否真的放下來，還是被卡住了。雖然不知道到底哪裡出問題，但

他們確知一定有問題。

　　駕駛員做了一個看似謹慎睿智的決定——他決定
不要降落，先檢查問題所在，再決定要怎麼行動。於
是，飛機持續在天空盤旋等待下降。

　　機長與機組人員花了大約四十五分鐘，努力調查
問題並安撫乘客。可以說，人人都支持這項做法。不
過，另一個問題卻悄悄浮現——飛機快沒油了。當他
們離開丹佛時有充裕的燃油，但他們把焦點放在起落
架問題時，沒想到燃油正在消耗殆盡。機組人員沒仔
細考量到這一點。事實上，因為他們根本沒有意識到
這問題，所以沒去計算多久之後燃油就會用光。

　　當飛機的燃油耗盡，引擎一個接一個失靈。飛
機機頭向下掉，在晚間6點15分左右墜毀在波特蘭郊
區，離機場只有六英里。飛機從天上墜落，造成十人
死亡，包括兩位機組人員與八位乘客，另外有二十三
人身受重傷。

　　怎麼會發生這樣的事？不是因為任何「常見的錯
誤」。機組人員不是缺乏經驗或殆忽職守，也不是因

為服藥或睡眠不足。悲劇之所以會發生的重要原因之一就是：機組人員沒有主動提出問題，或著說，至少在提出時沒有抱持堅定的信念。為什麼？

在現實生活中，情況通常是由多重要素決定。一連串事件往往不是單一原因造成。這起事件有數個可能原因。或許是機組人員服膺權威（機長），而機長只把注意力放在起落架上。或許是壓力讓他們沒有注意到燃油量，研究也指出，高度壓力會讓注意力變得狹隘。然而，當機組人員發現燃油量不足，為什麼沒有意識到後面代表的意思？為什麼他們沒有注意到眼前的風險？為什麼沒有人坦率提出問題？

我認為「共識」不僅阻礙異見的表達，也引導機組人員從特定方向思考。出問題的，不只是機組人員關注的地方，還有他們找尋的資訊、考量的替代選項，以及應用的策略。當所有人產生共識，焦點就匯聚在起落架上，人人都狹隘的從單一角度看問題。他們尋找關於起落架的資訊，只考量跟起落架問題有關的替代方案。沒有想到單一焦點帶來的負面效應。他們沒有充分考量與另一個問題（燃油狀況）相關的資訊，也不去正視其危險性。事實上，他們甚至沒有計

算還有多久時間，燃油就會用完。我們從美國國家運輸安全委員會（National Transportation Safety Board）對聯航173航班最後十三分鐘的事故報告總結，可以看到單一思考帶來的後果。

在晚上6點2分22秒，駕駛艙中的飛航工程師說：「大約還有3000磅燃油，就這麼多了。」當時他們離機場南方只有五英里。晚上6點3分23秒時，波特蘭塔台詢問飛機燃油狀況，機長說：「大約還有4000磅，喔不！是3000磅燃油。」約莫三分鐘後，機長說他們差不多要在五分鐘後降落。不過幾乎在同一時間，副駕駛說：「我們第四號引擎剛才失靈。」幾秒後，他又補充：「又有一個引擎要失靈了。」

「為什麼？」機長問。

「一個引擎即將失靈，」副駕駛重複一次。

「為什麼？」機長又問一次。

「燃油不足，」副駕駛說。七分鐘後，副駕駛警告波特蘭塔台：「波特蘭塔台，聯航173號求救。我們……引擎熄火。我們正在往下墜落，沒辦法抵達機

場。」

　　一分鐘後，飛機墜毀在波特蘭近郊的樹林區。當聯航173號航班離開丹佛時，有充足的燃油。但在失事現場，它們一滴燃油也不剩。飛機基本上已耗盡燃料。

　　注意那句「就這麼多了。」當被告知燃油只剩3000磅時，沒有人接話。為什麼沒有人大喊「我們快沒燃油啦！」或「我們快沒時間，得趕緊降落了！」大家好像很有默契，忙著找出起落架的問題。當告知引擎即將失靈，連機長也問「為什麼？」因為每個人都注意同一件事，沒有人意識到燃油不足所帶來的風險。

　　團隊中哪個人會有不同的想法？誰會挺身而出表達意見？這麼做等於是挑戰機長，而機組人員早就「達成共識」。更重要的是，團隊當中的哪個人會注意到飛機快沒燃料？當所有人都專注在同一件事上，就不會留意其他的資訊與替代方案。我們將在本書看到：共識只會創造單一焦點——團體的焦點，讓我們

小心共識，擁抱不一樣的聲音

忽略顯而易見的事實。

　　從上述案例，大多數人都能體認到，如果異見是正確的，會具有莫大的價值。如果有人大聲疾呼燃油不足的問題，機組人員或許會對這議題更加留意。儘管如此，我們知道人們並非總是會追隨真理的，這不只取決於誰宣揚這個真理，人們也傾向西瓜偎大邊，不論這麼做是對是錯。然而，較少人知道的是──就算異見是錯誤的，它依然有價值。

　　閱讀本書你會發現，異見的價值不只在於它正確與否。就算不正確，異見在這個案例還是能帶來兩個用處：一來它能打破追隨多數的盲從現象，當共識受到挑戰時，人們比較會去獨立思考；其次，或許更重要的是，異見能刺激更多元、較少偏見的想法，這也是本書的核心要旨。異見促使我們比平時尋求更多資訊，考量更多選項，刺激我們思考不同立場的優點與缺點。我斗膽猜測，假若在聯航173號航班，有人質疑是否應該把注意力放在起落架這件事，機組人員會開始思考其他潛在的問題，包括最可能被注意到的燃油問題。

　　每當我看到同儕與朋友在面對多數意見時，不願

表達反對立場或避重就輕，就不免心生憂慮；看到有人對團體的領導充滿控制欲，我也心生憂慮。不論是在組織或新創事業，在小眾信仰團體、邪教（cult）或是合作式住宅（co-op building）的管理委員會，我們都會看到權力與控制欲結合出現的狂妄自大，以及消除反對聲音的傾向。這樣的領導人不會鼓勵多元觀點的文化，而會致力確保異見不會出現，若出現不同的聲音，就馬上加以打壓。我甚至看過委員會合約上寫著一則友善的「團隊精神」條款，告誡新成員「尊重集體權威……即使不同意，也不要破壞多數的決定……」這則訊息清楚地表明，它不歡迎反對意見。

這本書的論述很廣泛，但我不希望你把它當成是宣言。我不想用故事來說服你，你可以順著直覺來決定是否接受這些主張。我希望用研究事證說服你，這些研究經得起時間考驗，在不同情境下都能成立。

當我談到相關故事，是為了說明我理念的範疇與適用性。這些故事包括聯航的空難，愛德華‧史諾登（Edward Snowden）對國家安全局（National Security Agency）的洩祕案，瓊斯鎮慘案（Jonestown massacre），以及成功避險基金的決策過程。此外，

我也加進我與眾多執行長的訪談，目的是幫助你辨識所屬團體對你造成影響的方式，以及它對你個人想法與決策品質的影響。本書將說明影響過程的複雜性，但願讓你重新考慮這項建議：不要高估共識，低估了異見的價值。

為何要挑戰主流共識？

這裡呈現的觀點，不同於許多常見的建議與暢銷書籍，像是《紐約時報》的暢榜書——詹姆士·蘇洛維奇（James Surowiecki）的《群眾的智慧》（*The Wisdom of Crowds*），該書強調多數人判斷的優越性。雖然它打破人們對單一「專家」的迷信，但群眾的正確性其實很有限。相關研究指出，當任務涉及常識，而且人們的判斷各自獨立，也就是在人們不會互相影響的前提下，群眾才有較高的正確性。這些限制條件對衡量情況相當重要，因為在這些情況下，數量夠大，才可以提供統計上的優勢。但讓人憂心的是，這類書籍會不經意給人「多數很可能是正確」的印象，忽略這是在特定情況下才成立的事實。本書也與

諸如詹姆士・柯林斯（James Collins）及傑瑞・薄樂斯（Jerry Porras）合著的《基業長青》（*Built to Last*）背道而馳，這類書認為成功是源於類似宗教的企業文化——培養相同想法，壓抑反對聲音。這類文化鼓勵團隊合作，獎勵共識，對異見圓滑帶過（或是冷處理）。

　　此外，本書也與許多「社會影響」（social influence）研究者的作品大相逕庭，社會影響在社會心理學上有久遠的歷史，也經常被視為重要議題，因為它研究的是「他人的信念與行為」對人帶來的影響。然而，多數研究都被引導到兩個方向。其一是假設影響力是由強流向弱，由眾流向寡。因此許多研究探討多數派的說服力，只有極少研究是關於少數派的說服方法。雖然目前開始有些研究記錄少數聲音的說服能力，但許多人仍認為，少數派能說服成功的希望很渺茫，或是認為它與多數派的說服模式一樣。我們之後會說明，這種想法是錯誤的。多數派與少數派在說服他人接受自己的立場時，不但方法差異很大，呈現的方法也截然不同。

　　那些研究的另一個目的，是降低他人在爭取同意

以及影響想法、信念與行為時的複雜性。把廣泛的社會影響力限縮到單單「說服」一項，就像是只把注意力放在讓別人認同、對你說「是」，或追隨你的立場。同事不喜歡你偏愛的新員工，所以你設法讓她同意你的看法。當你擔任陪審員支持有罪判決，會說服其他陪審員跟著你投票。數十年來，社會心理學家研究的都是這種狹隘說服的影響——應該何時，用什麼方法，基於什麼原因，影響誰來同意你的意見，並用相對簡單的量尺衡量。如果你一開始的立場是A，我的立場是B，當你由立場A轉移到立場B，表示我說服了你。因為當我們先設定在用尺測量A到B的移動距離，研究當然就會簡單許多。

然而，說服有別於改變別人對議題的思考方式，也與刺激思考不同。如果，聽完你對被告有罪或無罪的陳述之後，我重新審視證據，考量每個立場的優缺點及其他可能替代方案——這就是你已經影響了我的思考。即使最後我或許仍然不認同你的意見，但你確實影響了我思考的方式，以及判斷與決策的品質。我曾參與多數研究人員眼中的「優良決策過程」——經由這種過程，一般來說能帶來更好的決策。一個在犯

罪現場站在屍體旁邊的人逃跑了，是因為他有罪，還是出於擔心被指控？如果我將兩個選項都列入考量，而非遽下判斷，可能會做出更好的決定。從研究的觀點來看，比較難研究類似「刺激思想」等議題，因為它常被簡化為「說服」。你必須找出方法，才能衡量人們尋找的資訊、考量的選項、決策的品質以及解決方案的創意性。所幸，如這本書將要談的，我們已經找出可靠的方法來處理了。

說服是以「取得同意」為目標，屬於影響力比較狹隘的一面，如果我們只研究「說服」，沒有辦法改善決策的品質。我們很難知道決策是對或是錯，因為我們的判斷，部分是以自身的價值觀為基礎。將所有的意見合併在一起是個好主意嗎？在10比2的判決中，多數人是正確的嗎？或是反之，判決12比0是正確的？我們不能確定。在O. J.辛普森（O. J. Simpson）一案，哪一方的陪審團才是正確的：到底是在刑事案件裁定「無罪」的陪審團，還是在民事案件中表決「有罪」的陪審團？我們都對這個案件有意見，我們都知道，當人們為自己的立場辯護時，會有多麼滔滔不絕。評估決策品質最好的方法，其實是衡量決策過

程。

　　我們都對良好的決策過程略知一二。整體而言，良好的過程能帶來優良的決策。而優良決策的關鍵，在於「發散式思考」（divergently thinking）。當我們思考發散時，是從多重角度考量，從議題的不同角度尋找資訊並衡量情況，考慮優點的同時也考慮缺點。糟糕的決策則正好相反。當採取「收斂式思考」（convergently thinking），我們的想法只狹隘的集中在一個方向上。我們尋找資訊、考量狀況來支持最初的偏好。我們傾向不去思考這個立場的弊病，也不會用其他角度來詮釋情況。

　　或許小學算術老師教過你，可以用兩種不同的算法來檢查是否正確。直至今日，我在檢查計算結果時，也是用兩、三種不同的算法來重新複算。為了不要重複同樣的錯誤，我用不同的方法檢查作業，像是用總數減去一個數，看剩下多少。比方我可以多次把15加上28，一直都認為結果是33（其實是43），但若我把33減掉15，就會發現自己算錯了，因為33減15不等於28，然後我就會更小心計算，然後得出總數是43。就像這樣，藉著採用發散式思考，從不同觀點看

問題，我們可以做出更好的決策，這就是異見刺激思考的方式。

我之所以認知到刺激思考的重要性，來自我長期以來對陪審團決策很興趣。在研究陪審團並諮詢律師後，我發現影響比說服的力量還要強大，我也發現自己關心的是陪審團決策的品質，而非最後誰贏了這項判決。我可以藉由建議律師如何修改開頭與結尾的論點，以增加說服力、贏得訴訟，從中賺取大筆鈔票；我也能指導律師如何評估陪審團的互動，用「無因迴避」（peremptory challenge）避免哪些陪審員發言，這不只因為他們投的票，還因為他們有能力說服他人。當焦點是在贏得訴訟時，一切事物都攸關說服──要別人認同你傾向的立場。然而我後來逐漸明白，我感興趣的是決策的品質與公平正義。不管贏的是誰，這裁決究竟是否正確？

我和同事在最初的研究發現，當有反對聲音出現，決策就會改善。當陪審團中有人提出不同的見解，其他人就會考量更多狀況，並用不同角度審視案件。這引導出一項長達數十年的研究，探討異見如何刺激我們思考、解決問題，以及找出答案。然而，我

們發現，共識的力量也以截然不同的方式，刺激我們的思考，

我們設計了多項實驗來研究共識與異見。我們發現，單單是看「多數派」或「少數派」的影響力，就能得到截然不同的結果。此外，我們發現同樣的結果一而再地出現。共識讓視野變得狹隘，異見讓視野變得開闊，兩者都會影響我們決策的品質。這些研究與本書得出的關鍵訊息就是：共識潛藏各種危險，異見有其價值。

這項訊息與許多當今風行的建議背道而馳。我們不斷被告知喜歡、被人喜歡以及「融入文化」的好處；我們被教導要相信多數人的智慧，被提醒與眾不同、「不融入」、以及直言不諱說出不同意見可能帶來某些後果。

許多書籍、顧問與學者都附和「融入文化」（fitting in）的建議，其中有些的確是正確的。被喜愛、有歸屬感，這些行為確實有好處，提出反對意見也確實有其風險。但很少人提及歸屬感的代價——你必須全盤認同。這項代價往往導致我們思考草率、決策不當、創意銳減，更別提它帶來的無趣、脆弱與麻木的

效應。當人人都在迎合對方、相互吹捧，卻無人談論擺明的現實時，你是否曾想大聲吶喊？比方，你是否曾想大喊，「你們雇用這人是瘋了嗎？」或「我們真的要進行這筆併購嗎？」

就如日本諺語所說的：「鎚打出頭釘。」然而，其實常見的情況是——根本就沒有出頭釘。當共識盛行，意見趨於一致，團隊決策就成了大一統的「團體迷思」（groupthink）。組織中違反道德的事件與問題會被隱藏、不被舉發或不被考慮。人人如履薄冰，小心忖度該何時該發言，何時要沉默。我們常常處於這些有消音效果的會議與互動，其中許多人不僅虛假而且投機。

當然，並非每個人都面對這樣的狀況。有些人的確是真心認同多數人的立場，但仍受到認同與歸屬感誘因的影響。當團體迷思占了上風，人們貢獻一己經驗與意見，並對決策與問題帶來獨特價值等，就很容易失去，而我們也會錯失異見帶來的刺激與反思。

挑戰別人的意見需要勇氣。我認為，提出反對意見需要堅定的信念。當你提出不同的看法時，別人往往不太高興。當別人跟我意見相左時，我也經常會被

激怒。老實說，以前我會覺得他們不過是被誤導了，後來，當我著手鑽研究這項議題，才知道他們對我提出的挑戰，讓我成為一個更好的決策者，以及一個更有創意的問題解決者。

我還知道，這些好處不是源於人口組成（年齡、性別、種族等）上的多樣性，也不是源於教育與訓練。教育與訓練雖然立意良善，但有其限制，而且其好處有時還被過度渲染。我了解到，這些好處是源於不同的意見，源於被質疑、被挑戰。當有人立意真誠、並持續提出不同的意見，我們必能從中獲益。

這本書在講什麼？

在第一部，我們把重點放在「說服」這件事，並以大量的研究案例來輔助說明，這些研究能幫助我們了解多數派與少數派如何引導我們同意他們的觀點。我希望讓大家明白，並提防多數派的力量，尤其當它沒有受到任何挑戰時更嚴重，因為人們傾向追隨並認同多數人的意見，不論那些意見是對是錯。我們往往假定多數人認同的就是真相，而不願理性分析資訊。

問題就出在：我們未經思考就這麼做。我們總是盲目地追隨大眾。從消費者行為、廣告宣傳、股市泡沫以及我們日常生活所見與所信，都可以發現這個傾向。

　　即使日常情況如此，我還是希望大家能看到異見的價值。只要有一個反對聲音，就能將我們從多數的桎梏中解放出來。異見讓我們更能獨立思考，對自己更加了解。異見者能說服我們，促使我們同意他的立場。我們在這本書將會看到，相較於多數派，異見者在說服人時必須更有技巧。人們有一大堆理由不認同異見者，這本書將介紹聰明的說服方法與技巧，像是只要簡單改變說話的順序，異見者就能大幅提升其說服能力。

　　當我們更清楚共識與異見是如何爭取同意，就會了解為什麼它們能刺激不同的思考，本書第二部將深入說明其中的奧祕，這也是我職業生涯著力最深的部分。讀者將會看到共識與異見如何刺激我們思考與決策的研究事證，以及同樣的情況在實驗與現實生活一再出現的實例，像是瓊斯鎮慘案以及史諾登的國安局洩密案等。

　　第三部談的是團體與實務運用。團體很複雜，因

為都是許多人在一起互動。不過，不少研究發現團體在尋求共識的方法與原因上，有其相當固定的模式。團體往往太快達到共識，而且不是基於充分的理由。其中有些模式，被冠上流行的用語「團體迷思」（groupthink）。書中也將談到異見在改善團體決策上所扮演的角色。異見不只能減少團體迷思，事實上還能改善決策過程的品質。

　　本書的主旨不是鼓勵大家製造異見，而是呼籲必須允許異見的存在，並在異見出現時，敞開心胸去接納。兩者的差別很重要，如同我們的研究中一再強調的：異見要有效，最重要的條件就是真實不虛。這也是為什麼像「魔鬼代言人」（編按：devil's advocate這個用語源自羅馬天主教教會，原意是指故意唱反調確認聖者的人，而非為虎作倀的壞蛋，本書第七堂課有更詳盡的說明。）之類的技巧無法奏效的原因之一。這些技巧只是在做角色扮演，不像真誠的異見能夠挑戰偏見或是刺激發散式思考。真誠發言很重要，這也能解釋為什麼在腦力激盪時，類似「不要批評其他人點子」的規則很不明智。

　　當你讀完這本書，我希望你能對共識更加提防，

因為你了解到共識的缺點，以及共識對思考的負面影響，因此會用一些機制來降低反射性思考，並且更明白獨立思考的重要性。若你是領導高層，希望你能更有效的管理團隊流程，採用更多技巧讓討論更開放，同時避免倉促決策。同樣重要的是，我希望你能學會歡迎反對的聲音，而不只是容許它的存在，同時了解異見即使不正確，仍有其價值。

整體來說，我希望這本書能說服你不要壓抑異見。我們都容易受到偏見與個人成見的影響，想要那些與我們意見相左、激怒我們的人閉上嘴巴。然而，反對意見能讓我們的思考更縝密。它能刺激我們考量所有立場的優勢與劣勢，讓我們重新思考自己的立場，如果我們願意仔細去分析，會發現自己的立場不可避免的也有利有弊。

本書最大的心願，是希望讓你從共識的束縛解放出來。其一的形式是讓你重獲「直言不諱」的自由──勇敢告訴醫生他開刀可能會開錯腳，或是告訴老闆他的最新計畫有個致命缺陷，或是讓你最好的朋友知道，她想買的那件昂貴洋裝其實不適合她。你很可能會面對你認為是錯誤的決定，就算沒有說服對

方，你仍舊刺激了她的思考。總而言之，你會明白，你的直言不諱改善了團體的決策與判斷。

另一個解放的形式，則是讓你比較不擔心跟別人想法不同。不論最後是否提出意見，你都不會想失去「知己之所知」的能力。你也不會成為自我洗腦的犧牲品，因為自我洗腦往往伴隨共識與對歸屬感的需求而生。邪教組織對於自我洗腦的力量了解得最為透澈，濫用暴力的人也是如此。當認清他們以及你自己的力量，桎梏也將因此解除。

有句我很喜歡而且常用的引言來自於參議員威廉‧傅爾布萊特（William Fulbright），他說：「我們必須學習歡迎反對的聲音，而且不要對它心存畏懼。」這是簡潔總結本書最好的一句話，唯一可以補充的，就是馬克‧吐溫（Mark Twain）說的：「當你發現自己站在多數派的那一邊，就是你該革新（或停下來反省）的時刻了。」

小心共識，擁抱不一樣的聲音

第一部

說服的藝術

多數派 vs. 麻煩製造者

讓別人認同是一門藝術——說服的藝術。

顯然，多數意見擁有巨大的優勢，它幾乎不用試著說服我們。「多數」這個簡單事實，就已經足以讓人們認同或追隨。事實上，它的力量既強大又直接，就算理性告訴我們它是錯的，我們還是會追隨它。

「多數意見」擁有扭曲現實的力量；反觀「少數意見」要說服我們，則要費盡千辛萬苦，我們不會輕易接受少數的論述。事實上，我們會找很多理由來拒絕接受少數意見。

異見者，也就是那些「少數人」，往往無法立即說服成功。必須憑藉精心安排的做法，歷經長時間努力，才能說服成功。

如果我們同意少數人的觀點，往往是因為自己的態度真正有所轉變。也就是說，我們同意或追隨這意見，是因為心服口服。

第**1**堂
多數派的支配力

　　經典電視節目「隱藏攝影機」(Candid Camera)或許不是彰顯多數力量最具科學性的代表，但卻是最滑稽好笑的代表之一。你可能還記得，製作人艾倫・方特 (Allen Funt) 在街上「做實驗」，然後偷偷拍下每個人的反應。我喜歡1962年的一集，名稱是「面向後方」(Face the Rear)。他讓三個臨演 (付費的臨時演員) 進入一台電梯，電梯中另外有一位不知情的乘客。當電梯門關上，三個臨演都轉向電梯的後方。當電梯門打開，往往會發現第四位乘客也跟隨多數人的反應轉向後方。當門再度關上，三位臨演一起轉向電梯側面。當電梯門再次打開，會發現當中的四個人統

統面向側面，雖然不知情的乘客顯然感到十分困惑。接下來，三位臨演摘下他們頭上的帽子。不知情的乘客也照著做。當臨演把帽子戴回去，他也跟著做。

至今我仍把這段影片放給學生看，他們每次觀看總是捧腹大笑，因為這影片一下子就把人類行為的特點彰顯出來。電梯裡的男人完全不知道為什麼另外三個乘客要轉身，但他假定（如我們大多數人的反應）其他人知道一些自己不知道的事，以為門會或許在後面重新打開之類的，所以他跟著他們轉身。當門打開時，顯示多數人是錯的──畢竟他們並沒有面向電梯門，但他仍舊跟隨多數人的行為去做。

多數人擁有強大的力量，促使我們同意或是追隨他們的腳步。這股力量很強大，而且無所不在。不論身處何處都能看到，包括影響人類生命的決策，像是在駕駛艙、外科手術團隊或陪審團商議時做的決策。就如我們前面所看到的，多數人認為起落架是問題關鍵，所以聯航173號航班的全體機組人員都跟著照做，進而忽略其他重要問題。

至於陪審團，想要預測陪審團商議的結果，單單根據第一次投票的主流意見，就能有九成的命中率。

陪審團或許要花數小時或數天才能完成裁決，但九成的情況中，最後的決定通常就是第一次投票的多數意見。

多數贏得裁決，這並不意味著多數必然正確。應該說，多數意見會對我們的想法、感受，以及判斷與決策帶來巨大壓力。事實上，在這一堂課裡你會發現，多數的力量是如此強大，能誘使我們相信不實的事件。當一般人聽到的多數意見明顯有誤，仍有超過三分之二的時間會支持明顯錯誤的那一邊。當我們必須就模稜兩可的事件做判斷時，像是關於政治或商業的問題，多數意見的力量更為強大。我和同事發現，就算多數人是錯的，高達七成的時間，人們還是會跟著多數意見走。

多數意見的力量與影響，時時在我們身邊，即使我們沒有察覺，或意識到它對我們的潛在影響。多數意見總是能促使我們同意，讓我們往往不經思考，就追隨他們的腳步。當多數意見未受到挑戰，情況就更為嚴重。

我們經常會認為自己是思考獨立的，只有有力的論據才能說服我們。但實際上，當面對別人的意見，

我們往往很容易就同意了，就算它沒有良好的論證，甚至完全沒有任何根據。我們甚至會無視於自己相信或了解的事。只要對方是主流意見，屬於「多數」，就具有特別強大的說服力。

如果我們真的認為多數意見是正確的，這時追隨大眾還講得過去。大眾意見或許是對的，而且常常是對的，但不必然永遠正確。問題就出在——我們只因為它是多數意見，就認為它是對的。某種程度來說，像是《群眾的智慧》這類暢銷書，無意間也強化了關於「多數就是真理」的假設。

《群眾的智慧》適切的指出多數人判斷的價值，以及在許多案例中，群眾的意見甚至優於一些「專家」的判斷。然而讀者可能會忽略的是，只有在特定的情況下，多數意見才有其優越性。如果有待判斷的是一個常識性問題，多數人的意見或許比較正確。判斷一個罐子裡的球數，可以靠常識。關於誰發明超鈾元素（transuranium elements）可就沒那麼通俗，化學專家知道格倫‧西博格（Glenn Seaborg）的可能性比一群鄉民要高得多。

獨立判斷則是另一個關鍵要素。當一大群人的判

斷互相獨立，他們的平均判斷可能是正確的。當他們互相影響，十個人的正確度就和一個人的正確度差不多。就像是「羊群效應」（Herd Behavior）與「股市泡沫」（Stock Bubbles），它們彰顯了許多人做同樣的事情，但不表示這是正確或良好的判斷。他們可能是一個接一個，而不是基於獨立的判斷。

問題不是在於多數意見是錯誤的。從統計學上來說，他們可能是正確的，不過，對錯取決於事件與情況。這並不是說多數人的判斷，就沒有價值。問題就出在——我們不能只因為它是「多數」而非「少數」，就認定它是對的。當中的關鍵在於，我們做了這個假設，就不經思考地同意並遵循它。因此，儘管《群眾的智慧》指出多數人的正確性比單獨一個人高（在某些情況甚至比專家還高），這點並沒有錯，但它的讀者恐怕並不能徹底領會，這本書的結論有其局限和條件，以及群眾智慧要在怎樣的情況才會出現。更重要的是，這樣的書可能會強化「多數就是正確」的假設。

多數意見時常有誤。如果就你所知，在你所屬的團體中，多數人提出的判斷是錯的，你該怎麼辦？你

可能會想，自己不會在乎別人的說法與做法，尤其當你可以親眼見到真相時，一定會正確的回答。不過，超過半世紀前，研究就清楚顯示，真相不一定敵得過多數意見。

關於這個現象的經典研究，是1951年由影響深遠的心理學家所羅門・阿希（Solomon Asch）所做的。在所羅門・阿希最初的研究，受測者會看到兩張並排的卡片。一張卡片上的線，是這個實驗的標準線。另一邊有三條線供比較，其中有一條與標準線的長度一樣。人們會看到一連串的卡片。他們的任務很簡單，只要挑出與標準線一樣長的線即可。這任務並不困難，也沒有模糊地帶。在三條線當中，有一條線與標準線完全等長，另外兩條很明顯的較長或較短。當人們單獨挑選等長線時，沒有絲毫困難就挑出正確的線，答案再簡單不過。

在其中一項實驗情境中，研究者找了七到九人一組參與實驗，其中只有一位是不知情的參與者。其他人則是實驗的付費臨演。這幾個臨演組成一個意見一致的「錯誤多數」，實驗想要測試的問題是：不知情的受測者，是否會追隨別人意見，給出一致的錯誤答

案。

　　想像你是這個不知情的受測者。看到這些卡片，很顯然，B線才是正確的答案。當你聽到團體中有個人說，答案是A線，你並不在意，心想或許他眼睛出了問題；之後，又有第二個人說是A，現在你開始留心了；接著，第三個人又說是A，然後就一直這樣下去。其他所有人都說A是正確答案，現在換到你了，你會怎麼做？阿希的結果顯示，有37％的人會追隨多數人的錯誤判斷。

　　這實驗雖然最初是在半世紀前做的，但之後許多國家都不斷進行同樣的實驗。不論在斐濟或荷蘭，日本或加拿大，許多人都追隨錯誤的多數，就算眼睛告訴他們多數的判斷是錯的。在許多不同文化、不同類型的人身上，都出現一樣的反應。不論我們是專家或新手，都發生同樣的狀況。

　　追隨大眾錯誤判斷的順從行為，受到數個變因的影響。大體來說，當任務愈難或是愈不明確，盲從的人就會愈多，那些自尊心低、被群體吸引的人，盲從的比例也會特別高。連群體多數的規模，某種程度也會影響我們是否追隨它。大多數的研究顯示，當多數

意見的規模由一增加到三或四，從眾的情況就會快速增加，但超過這個數目之後，規模就與從眾程度沒有太大關連。

所羅門·阿希跟許多追隨他腳步的心理學家一樣，不只對於以操縱環境來增加減少從眾效果的強度有興趣，他還想知道為什麼當多數意見錯誤，人們卻仍舊追隨。透過訪談阿希的受測者（以及阿希研究確立後，許多類似實驗的受測者）後發現，人們追隨大眾意見基於兩個原因。其一，是假定多數人知道的才是真相，就如一首老歌所言：「五千萬個法國佬的意見不會錯」，我們稱之為「五千萬個法國佬原則」（Fifty-Million-Frenchmen Principle）。其二，是希望有歸屬感，或是反過來說，擔心與眾不同會招致嘲笑或懲罰。許多人聽到日本諺語「槌打出頭釘」都會心有戚戚焉，所以就衍生出「低調為上策」的原則。

在阿希的早期研究中，多數意見違背現實，受測者可以親眼見到實情。在研究後，不知情的受測者接受訪問，有些人堅持多數人的意見正確。他們確實相信（或表示相信）自己觀察的結果與多數人一致。其他人即使知道多數的意見錯誤，還是決定追隨多數。

這些屬於相對少數的受測者表示，他們只是不想看起來與眾不同，外大多數的受測者則沒有明確表示。他們就是覺得不確定，因此表示自己只是依本能判斷。

在阿希的研究中，大部分的個人都認定多數派應該不會錯，有問題的是自己。畢竟他們每個人，都是屬於少數派的單獨一個人。我們往往認為多數派代表真理。無論如何，「這麼多人怎麼會把如此簡單的問題答錯？」基於這樣的假設，受測者不願相信他們眼睛看到的訊息，認為自己一定是漏看了什麼，或是估算錯誤。追隨錯誤意見的比例平均是37％，但在阿希的實驗中，至少會有一次，極大比例的受測者（75％）做出這樣的假設。也就是在試驗中，至少有一次，三分之二的受測者會追隨錯誤的多數派，即使多數意見與他們親眼所見的事實大相逕庭。

或許更驚人的發現，來自於另外從未（一次也沒有！）追隨錯誤大眾的25％人。即使他們每次都答對，但還是會受到多數人的影響。連他們都表示，多數意見有可能是正確的。他們同樣無法相信自己眼睛看到的訊息。他們只是覺得，有義務把自己親眼所見的事實說出來。畢竟，根據告知的資訊，他們參加的

是視覺感知的實驗。

在阿希之後，約有一百個研究探討了這個現象，這些研究一次又一次的彰顯了多數的力量。當多數意見一致，或行動相同樣時，情況特別明顯。如同大多數人，他們也想要有歸屬感。更重要的是，他們擔心被排斥、嘲笑，或出現更糟糕的情況。事實上，恐懼或許是人們追隨大眾最強大的原因，超越對正確性的評估。當我們有意願相信多數是正確的，就特別容易達成結論。

金融產業的歷史，也彰顯了多數能影響判斷與行為的力量。從最早的泡沫——十八世紀在英國出現的南海泡沫（編按：South Sea Bubble 出自英國一家名為「南海」的公司以誇大、舞弊的方式炒股，1720年股價暴跌，致使政府誠信破產），到最近二十年的那斯達克泡沫與房市泡沫，眾所週知，投資人最喜歡一窩蜂，把錢放在別人下注的地方。經濟學家的實證研究，確認了投資人往往跟隨其他人的決定，而非自己做功課。舉例來說，二十世紀九十年代晚期，美國股市出現一個大泡沫。1995到2000年，那斯達克漲了五倍。這段期間股價暴漲，但不到一年，又統統跌回

原點。很顯然，當泡沫不斷擴大時，人們從中獲利，但是當泡沫破滅，大多數的人都賠了錢。

正如經濟學家羅伯特・席勒（Robert Shiller）所言，泡沫不一定代表投資人在投資選擇上不理性，儘管他們做出糟糕的投資決定。他們是對其他事情理性。約翰・凱恩斯（John Maynard Keynes）會形容，投資人做的是「信譽計算」（reputational calculation）。就這觀點來看，投資人追隨群眾、忽略自己的判斷，原因之一就是：逆勢操作的平均信譽風險，高於平均的金融風險。如果你的投資與群眾不一樣，不論成功或失敗，都會失去信譽。這是一個雙輸的局面。如果你選擇正確，逆勢操作成功，只證明你懂得投機。如果你選擇錯誤，逆勢操作失敗，就會被貶低看輕。

擔憂成為少數的現象，在職場尤其明顯。舉例來說，美國西雅圖顧問公司「品質文化」（Cultures for Quality Inc.）共同負責人凱瑟琳・瑞安（Kathleen D. Ryan）、丹尼爾・奧斯特賴克（Daniel Oestreich）發現，將近七成的員工在看到問題時，並不會主動提出。他們的研究點出兩個原因：一是員工認為自己講

不講沒有差別，公司只會忽略他們說的話；另一個原因是對多數派的恐懼——畏懼那些保持沉默、不回報問題的人。很顯然，他們就是擔心別人的反應，像是被同事或被更多人嘲笑、排斥。沉默於是成為多數力量的展現。

我們在消費者行為上，也看到同樣的從眾行為。為什麼我們會選擇客滿的人氣店家，而非門可羅雀的餐廳？為什麼我們會參考 Yelp 與 Amazon 幾顆星的級別系統——即使可能只有三十個人投票，或是留下正面好評的人可能是為了拿到折價券？為什麼我們會買《紐約時報》暢銷書排行榜的書？為什麼我們在奧賽美術館（Musée d'Orsay）要跟著人龍排隊看某個展館，明明其他館的排隊沒那麼長？我們這麼做，是因為大多數的人都這麼做，我們把它當作一項訊號，認為這顯示這項產品或體驗有特殊價值或達到某種標準。但是，盲目假定大眾正確的結果是，我們排了很久的隊或買了某些商品後，常常感到後悔不已。為什麼我們每年追逐流行，就算這些衣服的顏色我們並不喜歡，或是明年就不會再穿？「從眾現象」賦予企業與行銷人員強大的工具。儘管我們天人交戰，發現這

其實是店家的手法，但結果就是——東西只要流行就能賣。

　　一些企業充分運用「五千萬個法國佬」以及「低調為上」原則，並從中獲利。如顧客評論網站 Yelp 等企業，提供潛在顧客許多追隨大眾的方法。其一是提供商家的評等。當網站上列的企業獲得普遍好評，會比較容易吸引顧客。相反的，若商家得到大量負評，很可能就會嚇跑客人。企業只有一、兩個好評也可能吸引到顧客，只要這些好評的說法一致。Amazon 的「顧客買這項商品同時也買……」的功能，是另一個讓顧客追隨大眾的現成方法。

　　好書推薦的聖杯，無疑是《紐約時報》暢銷書排行榜——研究者發現，只要登上排行榜，銷量就會迅速激增。它的魔力來自五千萬個法國佬原則。這麼多人買這本書，那它一定是本好書，如果不是，它也能提供歸屬感——你參與了當下最熱門的議題，沒有置身事外。

　　暢銷書榜單提供的資訊也很重要，因為它顯示了人們在做什麼，而不只是他們說什麼或表達什麼意見。事實上，行動往往比言語更有力量。大部分人住

旅館，都可以看到房間裡有張小卡片，要他們在住房期間重複使用毛巾，藉以「為保護環境盡一份力」。雖然這麼做有點用，但若卡片加上別人響應環保的資訊，效果就會顯著提升。一項研究顯示，如果卡片加上「將近75％的房客參與了我們的新資源節約計畫，使用原本毛巾超過一次以上。」這樣的聲明，重複使用毛巾的房客人數，就會增加四倍。

這些例子顯示，在促使人們購買特定商品，讓他們同意特定意見，或是做出與平日不同的行為時，多數人的行為往往比說服的言詞更有效。一則1971年降低汙染的公益廣告，彰顯了行動的力量遠大於言詞。廣告中，一位印第安演員艾隆・柯迪（Iron Eyes Cody）因為看到凌亂的垃圾而感傷落淚。之後廣告打上一則訊息「人們製造汙染，但也能停止汙染。」這則廣告由於效果卓著，被《廣告時代雜誌》（*Ad Age magazine*）評為二十世紀百大廣告宣傳之一。

由於這則廣告深深打動人心，而且獲得廣大迴響，大家會認為它能有效促使人們停止汙染。廣告中有明顯的指示性訊息：你必須停止汙染。它同時也有描述性訊息：事實上，許多人正在製造汙染。雖然許

多收看廣告的人（以及理所當然的廣告製片人）會覺得描述性訊息讓人不安，但它同時傳達了一項額外資訊：許多人（在廣告中是多數）正在製造汙染。收看廣告的人會對哪則訊息做出回應？他們會變得比較不製造汙染，還是會跟著其他人的行為做？由巴伯・恰爾迪尼（Bob Cialdini）與同事的研究發現，這個廣告可能沒有帶來它想要的效果。

恰爾迪尼與他的研究團隊在亞利桑那州石化林國家公園（Petrified Forest National Park）進行一項控制研究。這座國家公園有嚴重的偷竊問題：每個月都有一噸以上的木化石被偷走。在經過公園許可後，研究人員沿著園內道路放置碎木屑。他們還豎立了各種指示性或是描述性的標語。指示性的標語請大家不要從公園取走木化石，描述性的標語則寫著：過去許多遊客從公園拿走木化石，改變了公園的自然狀態。雖然兩則標語都可以解讀為「不要拿走木化石」，但效果卻大不相同。在為期五週的研究期間，描述性標語附近木化石被偷走的機率，是指示性標語附近木化石的五倍。且不論標語想傳達的意思為何，描述性訊息字面上呈現的，是大多數人的所作所為。

透過這些案例與研究，我們可以清楚看到，多數意見與行動無所不在的力量。因為認定大眾是正確的，我們無論如何都想要追隨大眾，而且是不分青紅皂白。我們也傾向假定它是正確的，因為我們想要有歸屬感。我們擔心做錯，但更害怕異見帶來的反彈。如果我們用它進行理性的計算，這些理由並不會讓人憂心——尤其是在決定是否追隨多數時就列入考量。但事實上，它們還是令人擔憂，因為我們往往不經思考，就追隨大眾的意見或多數人的行動。我們極有可能做出輕率的假設或是盲目跟隨。

　　值得注意的是，多數者抱持特定的立場。他們可能是對的，尤其當站在主流立場的人都是做過獨立判斷，而非盲目從眾時，但是，他們也可能是錯誤的。許多書籍與文章都談到，多數派哪些時候可能是正確的。不過，重點不是我們是否應該追隨大眾，而是我們的決定是否經過深思熟慮——我是否先評估資訊，再做決定？如同追趕泡沫的投資人，以及隱藏攝影機節目中不知情的電梯乘客，我們太常盲目跟隨。我們會跟隨錯誤的大眾，錯看線條長度。

　　由於人是社交的動物，這問題聽起來不容易解

決。但至少在特定情況下，有一些相對容易的解決方案——這些方法可以減少我們對與眾不同的擔憂，以及對受到多數派報復的恐懼。降低恐懼的一項具體途徑，就是透過匿名的方式。例如，與電腦互動，而非與人面對面互動，這可以降低人們依循大眾意見的比例。另一個對抗多數力量的方法，就是在聽取別人的意見前，就先表達自己的立場。

　　不幸的是，生命中大多時刻是無法匿名的，例如，我們通常親身參與會議，與認識的人一起做決定。我們很少在隔離的投票箱投票。不過，還有另一個方法——就是鼓勵參與者發出「異見」。就如我們將在下一堂會看到的，當異見不存在，多數派才會有力量。只要有一位反對者（即使只有一人）挺身而出，就能讓我們跳脫束縛，獨立思考。

第2堂
即使只有一個「異見」，
也能讓事情變得不一樣

多數派擁有讓我們不經仔細思考，就依循並同意的強大力量，事實上它有弱點，只是並不明顯。弱點就在於它仰賴共識，尤其當共識被挑戰時，弱點尤其顯著。這也就是為什麼，異見具備解放我們獨立思考、「知己之所知」的力量。影響多數力量最重要的變因，莫過於全體一致同意。只要一個人挑戰共識，就能削弱多數的力量，增加我們獨立思考能力，不至於認同錯誤的判斷。

尋找獨立意見

如我們之前所見，人們會假定多數人的看法與行動是正確合宜的。他們也擔心，若不加入多數派，可能會得到負面的後果。也因此，人們常常自動、甚至盲目地追隨或同意多數意見，就算多數意見不正確。

唯有破解多數的力量，人們才能更慎重、更有能力去衡量多數意見的價值。打破多數力量有幾個方法，如我們在第一堂課所提到的，一個方法是透過匿名。在一些研究中，就是簡單用板子把人隔開，讓他們不能看到彼此。另一個方法，就是讓人能以匿名或是書面的方式，投票或表達意見。這些方式能有效降低人們「淪為少數」或「受到反擊」的恐懼。

不記名投票，或是以書面方式投票，還有另一個好處，就是它讓我們在知道別人的意見之前，就對自己的想法有定見。想想在一個團體投票的場面，前三個人都表明支持相同的選項，可想而知，之後舉的手都會往同樣的意見靠攏。然而，假若人們在看到或聽到別人的選擇前，就先把自己要投的選項寫下來，在這情況下，團體的成員比較不會追隨眾人的意見。當

我們對自己的想法已經有了定見，如果要改變，至少就會反省為什麼要這麼做？我們會暫停下來思考，然後再決定要說什麼、做什麼。然而，如果一開始就聽到其他人的意見，我們的想法就會隨之改變。

一項早年由摩頓・多伊奇（Morton Deutsch）與哈洛・杰勒德（Harold Gerard）所做的有趣研究，顯示了定見的力量。在實驗中，多數的判斷是錯誤的，受測者要在面對面的團體口頭報告中，發表自己的判斷。這和所羅門・阿希的線條長度研究，採用的是同樣的流程。不過，在多伊奇與杰勒德的研究中，受測者要在聆聽別人的判斷前，寫下自己的判斷。這是在三個情境下執行：

（1） 受測者的意見完全不公開，只有他能看到自己寫什麼。

（2） 受測者用手勢比出他寫的答案，知道實驗人員有看到。

（3） 受測者私下寫下他的判斷（沒有人能看到），但他是用「魔術版」（magic pad）

寫。魔術版是一個可重複使用的畫板，下面是卡紙托板，上面是不透明的塑膠薄膜，只要他掀開塑膠薄膜就可以擦掉之前寫的答案。

你可能會想，不論以哪種形式肯定所見或所信，都會降低你追隨眾人意見的機率，但事實不然。你可能會對自己說，我知道答案是B。接著，當其他人都說A才是正確答案時，你就要面對自己最初的判斷與他人不同這項事實。這個方法讓人比較不容易盲目追隨。這與研究結果很接近，但並不全然一致。

你認為預測的結果是什麼？哪種方式可以增進意見的獨立性？是公開承諾（情境2）？私下承諾（情境1）？「魔術板」承諾（情境3）？多數人猜公開承諾，也就是別人看到你的意見時，最能降低從眾情況。不過，多伊奇與杰勒德研究的結果並非如此。公開承諾的效果與私下承諾——只有受測者知道自己一開始寫的意見是什麼，相差不多。

最讓人驚訝的是，他們在「魔術板」情境發現的

結果。你或許會想，在紙上寫下自己的意見，和在可以擦得掉的畫板寫意見，兩者應該沒有任何差別。因為你在聽到別人的意見之前，已經知道自己一開始的立場了。然而，兩種情況其實大不相同。當受測者使用可擦掉最初意見的畫板時，轉而認同錯誤大眾的比例明顯飆高。這就像參與「魔術板」情境的受測者，忘記最初立場的能力特別強。當人有追隨大眾意見的強大動機，在這個情境下就格外容易改變最初的判斷。

從中我們得到的教訓是，在聽取別人的意見前，我們必須先把自己的意見寫在紙上，而不是寫在可以擦掉的畫板上。不過，這個研究告訴我們的，不只是投票應該用什麼工具，而是讓你牢記：**當我們面對多數意見時，很容易動搖自己原本的想法**。正如我們可以輕易擦掉自己寫在畫板上的意見，我們也能輕易抹去自己心中的想法。這個實驗顯示，我們在追隨多數上有多麼不由自主與不經思考。直接面對我們最初的意見，是盲目從眾的緩衝器——至少我們會停下來問自己：「為什麼要改變意見？」

想要解除多數意見的束縛，增進獨立思考的一個更好方法，就是打破多數力量的來源——共識。阿希

早年線條長度的研究，證明唯有打破共識，才能走向獨立思考。如果一個人擁有盟友，就不太可能追隨錯誤的大眾。這個發現很有道理，盟友給予我們自信與勇氣，他們與我們意見相同，也支持我們的想法。當有人站在我們這邊，我們比較願意表達意見。更重要的是，我們更能夠確認自己所知道的。

更讓人驚訝的是，盟友擁有解放多數束縛的力量，不只是因為他們支持我們，而是因為共識受到挑戰。如果異見者不是你的盟友，那會怎麼樣？如果異見者不正確，甚至比多數人錯得還離譜呢？你可能會想，他的存在於事無補。然而證據顯示，就算他錯了，我們還是能得到思想的解放，我們的思考能更獨立。藉著打破共識，多數的力量就會被大幅削減。

從線條長度研究來說明，假設我覺得線條 A 是正確答案——事實上，A 也真的是正確答案，它的長度顯然與標準線條等長。當獨自一人做判斷時，我不會犯任何錯誤。現在假設我所在的團體中，大家都說 B 線條才是正確的。所有的實驗證據都顯示，我很可能會同意 B 線條才是對的答案——至少三分之一的情形是如此。但假若有一個人認為答案是 C，就算她跟多

數人一樣是錯的，儘管與我的意見不同，她也不是盟友，然而她也與多數意見不同。這時，團體的共識受到挑戰。在這樣的情況下，我更能看清、了解什麼是對的，並且表達出來。於是，我說出：「A才是正確的」。由此可見，即使異見者不正確，即使她不是盟友，她還是具有非凡價值，因為她打破了多數的壟斷力量。在這實驗中，同意錯誤多數的比例從37%掉到9%。即使異見者的答案是錯的，還是能增加我們獨立思考的能力。

風險：反對需要勇氣

或許只要一個人直言不諱，就能打破共識的束縛，提高思考的獨立性，然而，我們知道人們害怕成為那個「唯一一人」。他們擔心被嘲笑或被懲罰。但這是真的嗎？人們不會讚賞他們的獨立與勇氣嗎？

強大的現實是：當人們面對反對意見時，往往非常憤怒。而且事件不用大到挑戰政府或權力階級，像是史諾登對上美國國家安全局，或傑弗瑞・韋甘得（Jeffrey Wigand）槓上菸草產業等。即使是枝微

末節的小事，當人們聽見少數的反對聲音，就會開始發火，如果反對聲音持續不停止，就會更加憤怒。我們與反對者爭辯，質疑他們的智力、動機，有時甚至質疑他們神智是否清楚。我們通常以懲罰或嘲笑來回應對方。反對者不需要與權力對抗，就能激起憤怒情緒。只要反對「多數人」就能招來這意料中的回應，即使針對的是假設性或不重要的議題。

在之前的討論中，我們讀到人們追隨大眾的一個原因是：他們擔心如果表達反對，就會被嘲笑或被排斥。如果你自問，這種對排斥的恐懼是否合理？或是反過來問，你是否曾經因為堅持自己的信念受到推崇？研究結果恐怕是令人沮喪的。

在一項如今已成為經典的實驗，史丹・沙赫特（Stan Schachter）研究人們面對反對者的反應。他請一小群人討論一起虛擬的青少年犯罪案件。他們被要求，要對處理少年犯的最佳方式達成共識。選項限定在七分制的評分範圍內，一是「完全關愛導向」的方法，七是「完全紀律導向」的方法。參與討論者並不知道，在實驗團體內，事先安插了一位臨演扮演反對者的角色。

在研究中，設定是以同情的角度描述少年犯。強尼‧羅柯（Johnny Rocco），他家裡很窮，是由一位有愛心、勤奮，但負荷沉重的單親媽媽撫養長大。他在學校不斷惹麻煩，有時甚至鬧上警察局。他缺乏支持，也沒有可學習的好榜樣，唯一的例外是他的假釋官。從案件的引導測試，研究者知道幾乎所有人都會偏向量尺「關愛導向」這一端，通常會選二或三。單一的反對者，則是選七，要求要嚴厲懲處。結果，大家會有什麼反應？

這項實驗的兩組重要發現，歷經時間考驗，且被多次重複驗證。第一個是關於溝通。在過程中，反對者被溝通的次數最多，當他堅持反對立場，就有更多人找他溝通。最後，沒有任何人搭理他。不過，一開始每個人都找他說話。更精確的說，每個人都在拷問他。

這個現象不只發生在實驗場景，還出現在任何團體中，不論是社交團體或商業團體，不論是什麼議題，都會出現同樣的狀況。因為人們的反應如此一致，我們數十年來都把它用在課堂上作為說明示範。**我們發現：一旦當你表達與眾人不同的立場，質疑就**

會隨之出現。所有的人就會轉身面對你，不斷質問你為什麼選擇這個立場。詰問者暗示你不對，單單是因為你站在少數人的立場，你遭受無情攻擊。不過，請謹記，這過程也有積極的一面。在質問過程中，你擁有發言權，直到他們叫你閉嘴。因為你是大家矚目的焦點、想要溝通的對象，這讓你有機會可以為自己的立場申辯。

第二個發現，則是有關對於異見者的排斥行為。我們發現：**異見者不受喜歡**。事實上，他是小組中最不受歡迎的成員。為什麼？因為他站在少數意見那邊，挑戰多數人的意見。爾後，小組成員分配給每個人不同的角色時，異見者被指配到「通訊委員會」（Correspondence Committee），負責執行無意義的乏味工作。他無法與有權有勢的「執行委員會」（Executive Committee）相抗衡。大家可以猜一猜，如果有人必須被小組踢出來，誰會是第一人？這項研究顯示，就算討論的是假設性或不重要的議題，你都要為「反對」付出代價。這並不需要是國家安全這種重大議題，你就可能因為持反對立場而受到懲罰。

悲哀的是，幾乎我們所有人都會懲罰異見者。我

們不喜歡別人反對我們的信仰，當我們身處多數，總是很擅長懲罰那些反對我們觀點的人。每當我在大學課堂重現沙赫特的研究，課堂總會變得一片混亂。那些平日寬厚有禮的學生，會嘲笑對少年犯持嚴苛立場的孤獨反對者——他顯然大錯特錯了，他可能心理有病，竟然如此冷酷無情……。就算我採用其他議題，或是把兩者立場對調，讓反對者成為寬大的一方，學生還是一樣的反應。很少人會喜歡異見者，多數派會試著說服異見者改變立場，如果說服不成功，就會排擠他。誠然，異見者擁有激起各種反應的能力——有時候是困惑，偶爾是尊重或羨慕。但多半，人們對異見者的反應是憤怒與嘲笑。

也因此，敢於提出異見是需要勇氣的。不過，有趣的是，這份被激發的勇氣，卻具有強大的感染力。在另一種情境下，在面對共識時，異見者確實能激起其他人展現反對的勇氣。這是另一種形式的解放，異見者能增加我們直言不諱的可能性。

我們在一項研究當中，探尋了這個可能。**異見確實具有感染力**。或許更精確的說，我們發現，當人們親眼見到別人直言不諱，他們也會產生表達反對意見

的勇氣——他們以異見者展現的勇氣為榜樣，儘管他們不一定同意其立場。在親眼看到反對者的行為時，他們似乎被提醒：應該要起身捍衛自己的信念。

在我們這項研究中，另外有一組實驗的情境是這樣的：某個四人小組裡面有一個反對者，在一連串判斷藍色卡片顏色與亮度的實驗，設定異見者堅稱所有卡片都是綠色的。事實上，這些卡片不但是藍色，而且是清澈的藍色，所有人都看得很清楚。可以預見的是，其他人認為異見者說錯了，他們沒有接受她的說法。

接著，另一個控制變項則是：每個受測者單獨下判斷——也就是說，他們沒有聽到組內其他人的判斷。在藍色卡片的實驗之後，每個受測者被帶進一個個別的隔間，其他人則在相鄰的隔間。對他們而言，這是新的小組。現在受測者要看一系列的紅色卡片，並需要再一次判斷他們所見到的卡片顏色與亮度。所有卡片都是紅色，當單獨測試，每個人看到的也都是紅色，當被要求用麥克風回答時，他們也都回答「紅色」。單獨詢問時，沒有人會犯錯。

然後，我們設定另一個實驗，情境是小組中的另

外三個人都說卡片是橘色，這是一個典型的從眾設定。後來發生什麼事？如果受測者沒有與異見者接觸過（意思就是，如果他們沒有參與異見者把藍色卡片說成是綠色的情況），他們很可能追隨眾人說錯答案。事實上，結果顯示，他們的回答中有70％說是「橘色」而非「紅色」。

然而，如果受測者在之前的實驗，與堅持己見的異見者接觸過，結果會大不相同。還記得，異見者不斷把藍色卡片說成是綠色。異見者回答錯誤，而且其他受測者不喜歡她。她也沒有說服其他受測者回答卡片是綠色。然而，親眼見識到她的異見行為後，讓身處第二情境的人願意獨立思考，勇於表達不同的意見。現在，當面對眾人把紅色卡片說成是橘色時，受測者堅持己見，做出紅色卡片是紅色的（正確）判斷，並且說出自己的答案。相較於七成會追隨錯誤大眾、表示卡片是橘色的受測者，如果受測者在先前實驗中見過異見者的行為，就變成只有14％會追隨錯誤的大眾。我們或許會認為，異見者只是想爭取眾人的目光，或只是荒謬可笑罷了，我們可能會質疑他們的正確性或神智是否清楚，但異見者確實能將我們從盲

從當中解放出來，讓我們願意直言不諱。

在下一堂課，我們會探尋異見的力量，不只是打破共識、解開束縛讓我們「知道自己知道些什麼」，更能賦予我們表達自己所知的勇氣。異見者可以獲得勝利——也就是，他們能說服多數派接納他們的立場。我們會看到，當試著要說服我們的是異見者，而非多數派時，過程是非常不同的。「說服」這件事，對異見者而言是一場艱苦的戰鬥，他們之所以能夠成功，主要是基於信念，而非受人喜愛。

第 3 堂

異見：一門改變心意與想法的藝術

　　如同我們在上一堂課所看到的，異見有其風險。如果你提出反對意見，至少在短時間內，你會受到他人的注意，你會取得發言權。你會被質疑，而且人們會對你施壓，要求你改變主意。你會被提醒自己是少數，暗示你的立場錯誤。你可能被討厭甚至被排斥。

　　在這情況下，許多人會推論反對的行為並不值得。我們會問，**為什麼要這麼做？為什麼不保持沉默**？如果我們抱持的是少數派觀點，直言不諱有用嗎？即使我們知道這麼做能夠幫助別人獨立思考，但我們能獲勝嗎？我們是否能成功說服他人？如果我們是「少數之一」而非「多數之一」時，有辦法讓別人

同意我們的看法嗎？如果能夠，要怎麼做呢？

　　社會心理學關於影響力議題的早期研究是這樣假定的：多數派（而非少數派）能說服其他的人。因此，他們的研究把異見者當做被影響的對象，而非影響力的來源。在大多數研究者眼中，作為異見者最大的風險之一，是成為多數派「關切」的目標。異見者受到強大的壓力，被別人排斥。但這些研究者從來沒有提問過：異見者是否改變了大眾的想法？

　　我們見過許多案例，其中異見者成為關注的焦點，受到嘲笑與懲罰。然而他們說服成功，讓大眾接受他們的立場。我們在歷史上看過許多知名的反對者，像是大膽聲稱地球不是宇宙中心的伽利略（Galileo Galilei），以及心理學家佛洛依德（Sigmund Freud），他對「無意識動機」（unconscious motives）的想法被視為是驚世駭俗。在他們的時代，這些異見受到嚴厲反對，提出異見的人們也蒙受懲罰。

　　舉例來說，伽利略在1633年被羅馬宗教裁判所（Roman Inquisition）審訊，並被判處無期徒刑，後來被減刑為在家軟禁。史上有些異見者更被置於死地，想想耶穌基督與馬丁路德‧金（Martin Luther

King Jr.）。然而，沒有人會質疑他們是否成功說服他人，他們的理念獲得其他人的認同。不過，這要花時間，而且是很長的時間。伽利略的《對話錄》（*Dialogue*），歷經足足兩世紀後才被解禁，之後再過一世紀，他的罪名才被正式洗刷。

在維多利亞時代，女性是因為貞節受到敬重，性愛是個禁忌話題，佛洛依德卻暢談諸如兒童對父母懷有性欲的「無意識」動機。他被嘲笑挖苦，被禁止在大學中演講，甚至被視為性變態。有人認為他是古柯鹼上癮，才會發出此番理論。1890年代，佛洛依德是挑戰多數人堅定信念的少數聲音。然而，一個世紀後，我們看到他的強大影響力，像是無意識、壓抑與「佛洛依德式失言」（Freudian slips）的概念，如今已被大眾接受，甚至廣被運用。

在近代歷史，很難見到異見者贏得勝利。然而，對他們的懲罰卻是清楚又直接。想想1989年在北京天安門廣場「消失」的異見份子，以及蘇聯的異見者如亞歷山大・索忍尼辛（Aleksandr Solzhenitsyn）與安德烈・薩哈羅夫（Andrei Sakharov）。想想馬拉拉・優素福扎伊（Malala Yousafzai），這位年輕的巴基斯

坦女性，因為主張女性的教育權，差點被塔利班組織暗殺。想想對抗菸草產業的內幕揭發人韋甘得的遭遇，這個事件被拍成1999年的電影《驚爆內幕》（*The Insider*），影片鮮明描繪了金錢與情緒的代價——包括騷擾、跟蹤，與威脅，當有人想挺身而出，對抗既得利益者時，就會遭遇這般處境。近期的異見者代表則是史諾登，至今他仍是個具有高度爭議的人物，他的個案彰顯了異見的風險，也讓我們了解異見者在怎樣的時機和原因之下，會說服人們支持他們的立場。

2013年6月6日，《衛報》（*The Guardian*）記者格倫·格林沃爾德（Glenn Greenwald）在報上揭露，美國國家安全局祕密蒐集數百萬Verizon電信公司顧客的通話資料。他是從哪裡得到這些訊息的呢？一天後，報上出現更勁爆的報導。格林沃爾德與他的同事艾溫·麥卡斯基爾（Ewen MacAskill）在報導中指出，在一個名為「稜鏡」（PRISM）的專案中，美國國安局以七年的時間，使用資料探勘（data mining）技術，蒐集人們的搜尋歷史、電子郵件等，以及其他公

司如Google、蘋果與Facebook的資訊。稜鏡計畫是在監視美國國民嗎？它們蒐集了哪些資料，基於哪些原因？

　　大眾對事件的反應直接且激烈，但是相當分歧。有些人擔心政府變成老大哥，侵犯美國人民的隱私；有些人擔心洩漏情報會造成國安問題。大家都希望能在安全與隱私間取得平衡。然而，大家都在尋找這應該負責的洩密者，一般都假設他可能是情報機構的高階官員。

　　不過，也用不著大家尋尋覓覓了。2013年6月9日，洩密者自己主動站了出來。《衛報》依照他的要求，公布這個人就是史諾登。史諾登是一位二十九歲的前CIA電腦分析師，當時受雇於博思艾倫諮詢公司（Booz Allen Hamilton），但時間並不是很長。博思艾倫與政府簽有一年十億美元的豐厚合約，它很快就畫清界線，表示洩密如果屬實，是嚴重違反公司核心價值的行為。

　　評論家與政客也都與史諾登保持距離，唯一的例外是美國參議員蘭德・保羅（Rand Paul），他表示「史諾登先生以隱私的名義揭露了真相。」史諾登

「無意隱藏」，因為他知道自己「沒有做錯任何事」。不過，他還是逃離美國。他先暫居在香港的飯店，意識到要為自己的行為付出代價。他提出了自己這麼做的理由：

「美國國安局建立了一個架構，讓它幾乎可以監聽一切事物。我可以取得你的電子郵件、密碼、電話號碼、信用卡資料，」他補充表示，「我不想住在一個做這種事的社會……我不想住在一個，我說什麼或做什麼都會被記錄下來的世界。這不是我想支持或生活的環境。」

人們沒有根據表面判斷史諾登，而是瘋狂猜測他的動機。他是英雄還是賣國賊？站在英雄陣營的人，認為史諾登是有勇氣做正確的事的人——「以一介布衣為國家冒生命危險」，他的貢獻「無可估量」。批評者則懷疑他的動機、他受的教育，甚至他的人格。他被冠上不同的形容詞，像是「傲慢」、任性而為、「從兒童時期就有嚴重性格障礙」的人。《紐約郵報》（New York Post）記者甚至形容他「不可思議的妄尊自大……就像是留鬍子的金‧卡戴珊（Kim Kardashian）。」有些人暗示他可能是間諜。

接下來發生的事，就好像間諜小說的內容。雖然美國要求史諾登被拘留並引渡回國，但他在2013年6月23日得以離開香港去莫斯科。然而，他必須留在莫斯科謝列梅捷沃機場（Sheremetyevo Airport）的過渡區，因為美國吊銷了他的護照。他現在沒有旅行文件，被指控犯有間諜罪。由於事件加入了莫斯科，各類的推測與擔憂愈演愈烈。或許是受到美國的壓力，國家一個接一個，不是拒絕他的庇護申請，就是用藉口解釋為何無法接受他的申請。有些則是完全沒有回應。最後，俄羅斯總統普丁給予史諾登在俄國的暫時難民庇護，這行為惹怒了白宮以及一些國會議員。

　　最重要的，不論你視史諾登為勇敢或愚蠢，叛國賊或英雄，他確實對有權勢者直言不諱，他也因此付出代價。在撰寫這本書時，他還是沒有護照，沒有旅行文件，因為間諜罪被追捕。

艱難的戰役

　　史諾登是否成功說服別人支持他的立場？歷史上

有其他異見者「獲得勝利」嗎？如果有，為什麼他們能成功？歷史中，許多異見者成功爭取到大眾的支持，如今我們終於知道地球不是太陽系的中心，「無意識」和「佛洛依德式失言」被大家視為理所當然，數百萬人追隨耶穌基督的戒律。連史諾登也說服不少人同意他的行為合乎情理，即使違反國家安全，還是有人接受史諾登重視隱私的想法，也認為國安局的監聽計畫應該被改革。

人們的態度產生了翻天覆地的變化。無論站在哪一方，兩邊的人都同意史諾登影響巨大——單單一個人與幾個保護者，就促成這樣的巨變。這個事件的反應不僅擴及全世界，也超越第一位揭露故事的記者格林沃爾德「最大膽的預期」。

實際政策變化需要更長的時間，不過在2015年4月，在美國愛國者法案（Patriot Act）到期前，改變已然發生。聯邦上訴法院判決，該法案不能核准大規模的監視計畫。國安局被禁止不能蒐集保存通話資料，雖然該局在擁有搜索狀時，還是能從電話公司取得資料。一年後，我們看到蘋果公司拒絕為FBI解鎖2015年加州聖貝納迪諾（San Bernardino）攻擊事件主犯的

iPhone，在這場攻擊事件有多達十四人喪生。根據蘋果的說法，FBI想要他們破解自己的加密系統，但這麼做，將會危害所有用戶的隱私。蘋果公司擔憂用戶的隱私資訊將因而更容易被駭客或宵小竊取，或是落入「沒有根據的政府監視計畫」。

不論過去或現在，孤身一人要如何說服其他大眾？他們該如何為自己的立場爭取認同？研究顯示，一個必要（而非充分）的條件是：**異見者要堅守自己的立場。提出不同看法的人不能舉白旗投降，也不能動搖信念。**他不能妥協，如果這麼做，就暗示他改變了立場——這很可能違反了許多普世觀念，像是我們應該修飾自己的意見，以免冒犯他人，我們應該妥協，不要太固執地堅持己見，以及如果我們想要有說服力，就必須先討人喜歡，諸如之類。即使不是大多數，也有許多顧問會贊成「喜愛度」因素的重要性，但這並不是異見者說服他人支持自己立場的基礎。

許多歷史上的異見者，都曾經收到一些別人給的建議，像是要他們讓步或妥協，但許多人完全不理會這項勸告。史諾登同樣拒絕了直接與國會議員談條件，或是妥協。相反的，他堅持自己的觀點，不斷捍

衛他洩漏機密資訊的這項決定。他和歷史上其他異見者的成功，是因為這份堅持不屈嗎？如果他們接受建議，去妥協或調整自己的觀點，會不會過得更好？

第一個關於異見者說服他人贊同自己觀點的實驗性研究，發生在 1969 年。這個研究特別著墨於堅持立場的議題，讓我們了解妥協的缺點。研究的首席作者瑟吉·莫斯科維奇（Serge Moscovici）是一位羅馬尼亞猶太人，他於二戰後來到巴黎，雖然貧窮，但對政治非常感興趣。他的人生經歷讓他了解到權威及共識的力量與危險，也讓他見識到一些關於「局外人」力量的實例，尤其是那些充滿堅持與信念的人，他發現這樣的人，力量格外強大。

在他的第一項研究中，一個屬於少數派的人，要去挑戰多數派觀點，儘管少數派觀點其實是錯誤的。這與阿希及其他研究者的從眾研究相反，後者是一人面對錯誤的多數。研究中，六個人的小組被要求觀看一系列卡片，並做出兩個判斷：他們要說出自己看到的顏色，然後在 0 到 5 的量尺上標注亮度。舉例來說，他們會說「藍二」，表示他們看到的顏色是藍色，而且顏色有點暗。在這項研究中，總共有三十六

張卡片，全部都是藍色，而且波長相同，在使用中性濾光鏡後，會呈現出不同的亮度。由於任務很簡單，每個人都快速且自信地回答卡片是藍的。但當有異見出現之後——也就是團體內有少數人發表不同意見，情況開始有了改變。不過，這些少數意見是錯誤的，這些異見者表示藍色卡片其實是「綠色」。

在情境一，六個人當中，有兩人把每張卡片都稱作「綠色」。這兩個人是實驗特別安排的臨演，其他四個人並不知情。大多數人可能會認為，這兩個人的意見應該不會帶來什麼影響。受測者會認為那兩人的判斷力不佳，或是視力有問題，至少受測者在實驗後填寫的問卷，看起來是這樣的。不過，故事還沒有結束。

在情境二，那兩位臨演在三分之二的時間裡（二十四次），將藍色卡片稱作是綠的，但有四分之一的時間（十二次）則稱作是藍的。受測者仍舊質疑他們的判斷或視力嗎？沒錯，雖然不像兩個臨演不斷指藍為綠時那麼嚴厲。

問題在於，這兩個情況哪個比較能說服多數說卡片是綠的（如果有）？你是否會認同那兩個把藍色卡

片說成綠色的人，尤其當你與多數及真相都站在同一邊？如果是這樣，以上兩個情境哪個對你比較有說服力？會是那個他們一直堅持錯誤答案，不斷把綠色卡片稱作是綠色的情況？還是他們三分之二時間採取這個立場，但三分之一時間同意大眾與現實看法的情況？

　　大多數的人認為，兩種情況都不具說服力。當我們讓大家猜測哪一個情形比較具有說服力時，大多數人都選第二種情況，也就是兩人在三分之一的時間裡說藍色卡片是「藍色」，三分之二的時間則稱之為「綠色」。原因在於，在那樣的情境下，他們至少還說對了幾次，他們有三分之一的時間答對，而且與其他人一致。這個預測聽起來很合理，但是，實驗結果卻並非如此。

　　實驗結果顯示，持續回答「綠色」的情況反而更具有說服力——也就是說，當少數人聲稱所有的卡片都是「綠色」時，多數人當中有9％的人也會回答「綠色」。當少數人正確率較高，但並未一直堅持同樣的答案時——也就是說，那些三分之二把藍色卡片說成綠色、三分之一說成藍色的人，他們沒有造成任何

影響力。在這個情況下，多數人仍然會堅持「藍色」的答案，只有1.25％的時間裡，會把藍色卡片說成是綠色。箇中的關鍵訊息是什麼？就是：重複但堅持不變的錯誤，比部分錯誤、部分正確還具有說服力。

　　研究者發現的這項結果令人驚訝，但後續研究還是持續出現同樣的結果。重要的結論就是──堅持一致的回答是關鍵。若回答沒有一致性，沒有堅定的信念，立場就會不清。多項研究顯示，若缺乏一致性，少數的聲音就會沒有說服力。然而，我們也會發現，一致性雖然必要，但往往還是不足以說服他人。

　　許多研究顯示，就算前後堅持一致的立場，少數派還是可能說服失敗，至少在公眾層面如此。少數的意見往往不被接納。舉例來說，關於陪審團的研究顯示，只有不到5%的判決結果是傾向第一輪投票的少數派立場。在我們模擬陪審團審議的實驗性研究，大眾無論如何都不會轉向異見者的立場，即使異見者堅持同樣的意見。

　　然而，多數派的成員卻明顯對異見者發怒。我們聘請來擔任異見者角色的臨演，不只一次向我要求額外工資，以補償他們所承受的痛苦。在幾乎所有的實

驗團體中，他都是其他受測者怒目而視的對象，有時甚至會感覺受到威脅。我們不喜歡別人與我們意見不同，尤其是那些少數族群，因此，我們理所當然認為他們是不正確的。

然而，上述與其他聚焦於大眾同意少數觀點的研究，低估了異見者說服多數派的程度。研究一而再的顯示，比起在公開場合，異見者在私下場合更能改變其他人。這點和多數派很不同，即使人們不相信多數派立場的正確性，但在公開場合，多數派還是能輕易取得認同。

我們一再發現，人們不願在公開場合顯示對異見者的支持。但是我們往往發現，人們私下其實被說服了。當你之後問他們的意見，或是你有技巧地詢問，讓他們不用公開承認自己同意異見者，這些人的態度往往會有大幅轉變，開始傾向異見者的提案。

在一項研究中，在一起有關軟骨撕裂的人身傷害案件，異見者主張低賠償金。雖然其他人沒有公開支持他的立場，也就是並未調整補償金的建議金額，連一塊錢元也沒變，然而，當成員私下評論這個案子，以及當他們之後處理其他人身傷害案件時，確實降低

了先前認為合理的賠償金額，跟沒有聽過異見者主張的人相較，有很大的不同。我們在下一節描述的實驗裡，可以發現同樣的行為模式。

堅持與妥協的藝術

雖然實驗研究一再低估一致性的重要，這個概念後來被修正、不再局限於簡單重複同樣的回答。異見者在闡明他的立場上可以更有技巧。事實上，即使他改變立場，還是能視為維持一致性，不過前提是為了因應新的資訊或資訊有所變化。他不能被視為有條件讓步，屈服會讓他影響力驟減。

由這個觀點來看，值得大家去重新審視烈士的一生，如果沒有意外，他們都是始終如一。他們從不屈服，甚至願意為了理念而犧牲性命。如果他們改變信念，是否還會有同樣的影響力？如果佛洛依德對他的理論做出妥協，一世紀後他的影響還會像今日一樣強大嗎？事實上許多人建議他採取折衷方案，讓自己的想法更能為大眾接受，但他沒有接受這個建議。如果史諾登與美國當局妥協，會讓他更有說服力嗎？研究

顯示，保持一致的信念，比改變心意與妥協更有效力。但是，為什麼有大量研究支持以下這個常見的建議：要讓大眾支持你的立場、達成協議，妥協是必須的？如果前面提到的研究是正確的──也有許多研究認為它是對的──為了有說服力，你是否應該堅持一致的立場，並拒絕妥協？或者，妥協與一致能在不同層次上發揮說服力？

妥協的兩面

你可能會認為，為自己的信仰而戰是天經地義，但有時妥協是必須的。你也知道，妥協也能有強大效用。再此，我們要把「改變態度」與「磋商協議」區別開來。

如果你要達成協議，往往需要妥協，但若你想改變別人心意，妥協則是個糟糕的策略。如我們之前談的藍色與綠色研究，妥協讓回答不一致的異見者缺乏說服力。在這情況下，即使妥協可以讓結果比較正確（至少三分之一的時間正確），它無法改變別人的想法。妥協的好處是，讓你比較受人喜愛──或著更精

確的說，比較不被討厭。但「喜歡」並非異見者立場有說服力的決定性因素。

這讓我們了解，人們為什麼會基於妥協，公開支持一些沒有人相信的事。這是達成協議、做出裁決、讓結果極大化的方法，而非改變心意來達成協議。舉例來說，一個刑事案件或許有兩種可行的判決，不是「一級謀殺罪」就是「無罪」，這取決於你是否相信目擊者的證詞。然而，陪審團可能會達成一個妥協的「過失殺人」，以這樣的判決來取得共識，即使這個判決與事實不符，而且沒有人認為這是適當的決定。這判決彰顯了公眾的改變，而非私人態度的改變。對一個要說服別人的異見者而言，在公眾層面上，是妥協比較容易成功嗎？還是如研究建議的，不論在公眾或私下，都把堅持一致當做說服的關鍵。

為了更了解妥協在「達成協議」與「改變心意」上扮演的角色，我們做了一項研究來測試這兩種不同的研究方向。談判研究認為，巧妙妥協是一種達成公共協議的方法——尤其是有利於你的「協議」。其他研究，比方之前談到的幾個研究，則顯示如果改變態度，妥協就會缺乏說服效力，因為這樣的行為，顯示

妥協者其實缺乏信念。

我的實驗室想知道，是不是兩個想法都可能正確。我們做了一項實驗：妥協在公眾層面有其效力──人們會公開傾向妥協的人，而非固執己見的人。另一方面，我們不預期妥協可以讓人私下態度改變。相反的，我們假定一致性──堅持不變，會在私下層面發揮說服力，但不容易讓人公開轉向支持異見者的立場。此外，我們假設異見者有個「最大利益點」，他可以兩者兼得，贏得認同，並改變其他人的心意。

我們讓妥協與堅持兩者相互競爭。在這項研究中，在賠償原告的案件中，其中某一個人採取少數的立場。這案件是有關若因滑雪纜車事故受傷，意外是出於公司的失職，受傷的人可以得到多少醫療與慰問金。小組被要求達成一致的決議。總共十輪的討論中，所有人都要在每一輪表明自己的立場。

實驗總共設計了三個情境，每個情境裡，都有一位我們付費聘請的臨演，他的任務是要挑戰其他大眾抱持的立場（我們大約能夠預測那大概是什麼）。我們從預先測試知道，其他多數人都傾向15萬到20萬

美元的補償金，由我們安排的異見者，則主張支付遠低於這個數目的5萬美元。

在其中的第一組情境中，異見者堅持己見。他毫不妥協，在十輪的討論都堅持同樣的立場。在第二組情境中，他在協商早期就有所妥協：他在第二輪傾向多數派的立場，之後又回到原本的立場。在第三組情境裡，他在協商最後階段才妥協——在第九輪，「最後一刻」的時候轉向多數派的立場。

妥協不論發生早晚，都會促使雙方公開的相互讓步。當異見者立場動搖，多數派成員也會做出讓步。雙方會公開的尋求共識。若異見者不妥協，多數派不會公然改變立場。雙方會陷入僵局。然而，私下態度改變顯現的是不同的模式。

一天之後，參與者回來針對六個不同的人身傷害案件做出裁決。其中一個與他們之前討論的非常類似，另一個案件在受害者的人口統計特徵以及過失程度上則相當不同。這些參與者的裁決，顯示他們私下的態度已然改變，其處理方式與前一天在公開場合所顯現的大不相同。

那些與堅持不變的異見者（即毫不妥協的人）接

觸過的人，態度已經有所改變。多數派開始向異見者的立場移動，提出遠低於之前設定的賠償金額。還記得嗎？這些人就是前一天在公開場合毫不動搖的同一群人。那些與曾在初期（第二輪）表示妥協的異見者交手者，則完全沒有改變原本的態度。他們或許在前一天公開表示動搖，但沒有改變意見。他們對這六個案件的裁決，跟從未與異見者接觸的控制組，做出的裁決十分類似。

「後期才妥協」的情況獲得最大效果——其他人公開與私下的態度都改變。當異見者在最後一刻才妥協，等於是做了兩件事——他展現堅持，同時也有達成協議的十足彈性。他沒有改變立場，只是提出了讓步。最後，他圓滿達成兩項結果，這堪稱是「最大利益點」（sweet spot），他讓其他參與者公開讓步，也改變了他們私下的態度。

異見的影響：比想像要大得多

從研究中，一再顯示異見者有「隱藏的」影響力。一般來說，他們改變私下態度的力量，遠大於改

變公開態度的力量。他們能改變別人的心意——就算多數派的人沒有意識到，或是刻意不承認他們的影響力。

我們在許多採用模擬陪審團裁決的研究中，看到這樣的行為模式。如果異見者毫不妥協，往往很難達成協議。多數派也不會有絲毫動搖。他們只會被激怒。不過，即使只是十分鐘，或是儘管討論沒有任何進展，參與者的態度都會出現轉變。參與者通常不會直接承認自己的想法動搖，但若研究者改變問題的說法，他們的回答就會反映出自己態度已經有所改變。研究者可以詢問數百萬個假設性的問題，像是「如果原告要求賠償金額的兩倍，那會怎麼樣？」這提供多數派一項掩護，讓他們可以在不承認自己被異見者說服的情況下改變心意。

當我們了解到，異見者的觀點比檯面上顯示的更能改變人心，就可以了解直言不諱、力排眾議以及大膽挑戰共識，是可以產生力量的。即使大家沒有公開認同，還是可能成功說服的。這份影響力，不但可以發揮在重要議題上，也能顯現在平凡小事上——像是很小的個人經驗上。三十五歲時，我成為柏克萊大學

的正教授（full professor），那時我已經對重視自由言論、獨立思考的文化甚至是抗議，做足了準備。我們這些老師的研究室非常簡樸，甚至可說是家徒四壁。所以，我決定在地上放一張地毯。這似乎無傷大雅。然而讓我驚訝的是，我被直接了當地告知，「所有研究室應該保持一樣」，看來平等似乎比自由更受重視。

我是終身教授，心想不墨守成規應該沒有大礙，於是就不理會這不請自來的意見。不到一週，我發現有個同事也在地上放了地毯。然後，又有另一位同事這麼做。直到現在，幾乎每間研究室的地上都有地毯。有人擺上卡布奇諾咖啡機，有人把牆壁漆成亮色系，或是裝飾了藝術品。這些小實驗提醒了大家，**我們經常把力氣花在讓步或妥協，往往低估了自己的想法並付諸行動的力量**。不過，我們也要知道，做這些事並不會得到任何讚揚。我非常確定，不會有人知道柏克萊心理系老師研究室的小地毯是怎麼來的。

很顯然，異見者具有私下或隱藏的影響力，即使從第一個藍色卡片的實驗裡，也能看得出來。我經常提到這個實驗，因為它指出最重要的問題與發現，這些特點經常重複出現，並不斷延伸。這些研究說明，

連親眼所見的事物，包括看到的到底是藍色或綠色，異見都能夠加以改變。此外，它證明了異見者的隱藏影響力，顯示人們私下態度的改變，比公開可見的改變要大得多。

回想一下，在這個研究中，有兩個異見者故意把藍色卡片說成綠色，其中一人一直堅持綠色這個答案，另一個則沒有堅持，結果卻是堅持一致的異見者讓9%的人把卡片誤判為綠色。不過，在辨識藍色卡片之後，受測者還有另一個任務。

在結束公開辨識卡片顏色之後，每位受測者會拿到一疊藍綠交錯的卡片，就像你在油漆店看到的樣品一般。卡片全部都是或藍或綠，從深藍到深綠都有，只是深淺不同。每個人拿到的卡片顏色都是隨機排列，受測者被要求把樣卡做分類，放成兩堆：藍色堆或綠色堆，就是這麼單純。他們的任務就是簡單判斷每張「藍—綠」樣卡是藍色或綠色。結果顯示，那些與堅持不變的少數派交手過的人，會一再把藍色卡片判斷為綠色，與他們之前對藍與綠色的判斷截然不同。相較於從未和異見者交鋒過的人，他們放了更多樣卡在綠色那堆。這些人儘管沒有公開把藍色卡片稱

為綠色，卻暗中修改了他們對藍色與綠色的判斷與認知。堅持一致的少數派，儘管做出不正確的判斷，但他們所說服的人數，卻遠超過公開做出「綠色」誤判的9%。

用研究原則取勝：《十二怒漢》

當你只有孤身一人，或是少數派中的一員，想要說服他人就必須更加堅持一致，而且還需要更多信念，兩者缺一不可。少數人的影響力從來不是立即產生，它需要花點時間與技巧，必須堅持一致、持續不懈，卻不能墨守教條。不像多數派幾乎自動且非常快速地就擁有說服力，異見者想要贏得認同，擁有說服力的技巧非常重要。對異見者而言，精心設計的言語與非言語行為（nonverbal behavior，指不用言語，而能傳遞思想、感受或其他訊息的活動，如臉部表情、手勢、身體的移動等，也有人稱為「肢體語言」）至關重要。

精心設計的說服要素，在經典電影《十二怒漢》（12 Angry Men）中被充分戲劇化。一份分析將它對應

於少數派如何說服成功的基礎研究——也就是說，少數派如何取得多數人的同意。在後面第五堂課，我們也會談到這部電影描繪異見者的另一種影響——刺激人們對證據的思考，因而達成更好的決定。在此，我們先把焦點放在異見者的說服能力，先聚焦如何說服成功，之後再探討如何「成為良好決策的推動力量」。

《十二怒漢》比一連串實驗與變量更好的是，它彰顯了影響力的藝術，其中包括時機點、對人的細微觀察以及了解什麼時候該說，什麼時候該傾聽。雖然1957年當《十二怒漢》上映時，並不是廣受歡迎，但經過時間的考驗，這部電影常常成為心理系或商學院的教材，用來說明說服的原則。

與今日動作電影滿滿的特效相較，《十二怒漢》非常簡單素樸，這個故事只是講述十二個人被鎖在陪審團室，討論關於一個年輕男子被控刺死父親的案件。罪名是一級謀殺罪。陪審團內唯一的「異見者」是由亨利・方達（Henry Fonda）扮演，他說服了其他十一位陪審團員同意「無罪」的判決，這在現實世

界幾乎不可能發生。故事情節聽起來平淡無奇，事實上電影扣人心弦且深具啟發，栩栩描繪了少數派觀點如何成功說服大眾。對於如何控制流程，它特別具有參考價值——像是誰先發言，發言者是否輪流為自己的立場辯護，什麼時候舉辦新的投票等諸如此類的程序。關鍵訊息是：如果你能控制流程，就能控制結果。

　　因為現場有兩個目擊證人，這個案件看似很容易處理：一位直接看到謀殺案，另一位看到被告逃離案發現場。十二個陪審員都希望判決盡快確定。那是一年裡最熱的一天，在這全都由男性組成的陪審團，成員都很想要晚上看棒球賽。大多數的陪審員都覺得，根本沒有什麼好討論。第一次投票是舉手表決。十一票投「有罪」，其中有些人是看到其他人舉手後，才猶豫的舉起。最後一個舉手的是亨利・方達，他的角色是建築師，他投「無罪」，不是因為他認定無罪，只是因為「不確定有罪」。他認為這個審判攸關一條年輕人的性命，至少應該討論一下他到底是有罪或無罪。可以預見的是，其他十一人都很憤怒。揭開序幕的是一句：「殺人總是有兇手」。十一個陪審員一

致把炮口對準亨利・方達，問他「你怎麼能投『無罪』？」電影中，我們再一次看到，在早期研究中，人們對異見者的反應有多強烈與一致。方達立即成為眾人關切的對象，顯然他不受歡迎。

當首席陪審員建議十一人「說服『那個人』，告訴他他是錯的，我們是對的，」一個重要的轉捩點就此到來。人們的傲慢自大展露無疑，而這往往是有權有勢者的愚蠢行徑。這麼做，讓多數派的立場從攻擊轉變為防守。陪審員沒有施壓方達要他捍衛自己的立場，因為這麼做，結果可能會很可笑，於是他們開始解釋自己的立場。他們一個接一個捍衛自己對「被告有罪」的信念，而且往往先聲明「這是再明顯不過了」，或是提醒大家目擊者「看到」被告犯罪。對那十一個人而言，這是一目了然的案件。

當十一位陪審員逐一說明理由時，也同時必須接受檢驗，這也會顯示出他們做出有罪判斷的主因。當主因是兩位目擊證人證詞時，方達會重複問：「難道他們不可能會出錯？」當更多考量一一浮現，大家開始進一步去思考看錯的可能性。

隨後，大家發現其中一位目擊者年紀很大，而且

不良於行。從目擊者聽到屍體撞到地面，直到他跑到門口看見被告下樓梯，中間是需要一點時間的——這點被大家接受了。他們要求察看大樓公寓的結構圖。將目擊證詞重新演練一次後，他們發現目擊者無法在這麼短的時間內，從臥室跑到門口。一些原本讓人堅信的關鍵證據，如今已不再牢不可破。方達重複問：「難道他們不可能會出錯？」這句話現在聽起來十分合理。目擊者最初的假定有可能是錯的。

讓每個人捍衛自己的立場還有另一影響。他們的證詞顯示，多數一致的立場有其漏洞。我們知道，打破全體一致的共識，會大幅降低多數派的力量。十一個陪審員或許認同判決，但不是基於同一原因。在電影中，他們對這些原因意見不同，而且開始爭論。

每個陪審員也顯露了各自的確定與不確定。如果你在尋找盟友，很重要的一點，就是注意多數派中有誰是不確定的。有些陪審員明顯表現出偏見，結果激怒了其他人，並引發論戰。這為方達打造了新的機會。首先，他知道誰可能被說服。他知道若有人轉而投靠自己的陣營，力量將有多強大，因為多數派力量的關鍵基礎，就是全體意見一致。從這裡，就可以看

出了解程序規則的另一項優勢。

　　如之前所述，一個很重要的程序性決策，就是讓多數派的十一個人表述他們做出有罪判決的原因，而非連續攻擊異見者。首席陪審員的決定，對異見者方達很有利，就算首席陪審員原本是想用這方法說服方達，讓他知道自己錯了。在討論的後期，還有另一個案例顯示出控制程序的威力。這一次，是方達運用程序使自己處於優勢，但這需要相當巧妙的技巧，因為他不是首席陪審員。

　　陪審團一度陷入僵局。意識到多數派開始鬆動，方達明智的宣布他希望能再一次表決，但這次他希望是非公開投票 —— 以書面而非口頭形式投票。他公開表示自己不投票。如果其他十一個人全都投「有罪」，他就不會再阻撓大家的決議。他們可以停止討論，重回「有罪」的裁決。由於他的提議合情合理，十分難以拒絕。大家同時也知道，他沒有改變自己的立場，或是有任何不確定。他只是承認多數的力量，以及改變他人心意的困難。他也了解，書面投票更能讓人展現獨立的判斷。他非常明白，只要有一個人願意成為他的盟友，就可以改變討論的氛圍。他預測自

己應該至少有一個盟友。

　　方達知道，十一個人中有幾個人內心動搖——至少他們在思考這個案件時，心裡有些不確定。書面的投票結果被大聲的宣告：「有罪，有罪，有罪……有罪」連續七票都是有罪。然後，首席陪審員停了半晌，才念出第八張票「無罪」。之後是「有罪，有罪，有罪」。這時有個人決定表態，如今方達有了一個盟友。當人們相互指責，想找出誰是投無罪票的白痴，由史威尼（Joseph Sweeney）飾演的老人站出來說，票是他投的。他表明了原因：他不是改變立場，只是不像之前這麼確定。更重要的是，他覺得方達對抗多數派，展現了強大勇氣，也許方達的想法值得大家聆聽。此時，大家開始重新認真地思考。

　　我們知道影片的結局。陪審員一個接一個改變心意，最後陪審團達成了「無罪」的判決。

　　這部電影雖然著重戲劇效果，但也細膩呈現了少數觀點如何大獲全勝。這與現有的研究相符，也說明了電影何以如此成功。

一開始，我們看到公開投票的做法——施加壓力讓所有人順從。第一次投票是要大家舉手表決。當詢問誰贊成「有罪」的判決，有幾個人非常自信的先舉了手。其他人儘管有些猶豫，也跟著舉了手。十一位陪審員投了「有罪」的判決。然後我們看到要成為「唯一」異見者有多困難。當詢問誰贊成「無罪」，方達舉起了他的手。只有他一個人投反對票。

　　我們看到電影裡，大家立即的反應與研究發現一致。方達成為嘲笑與說服的目標。「殺人總有兇手」是人們的第一反應，每個人都在質疑方達，覺得他怎能抱持這樣的立場？在正常的情況下，他應該處於防禦方，但程序性決定改變了這個局面。首席陪審員建議，與其按照一般的程序走，不如讓每個陪審員解釋他立場背後的原因。換言之，多數派的成員必須解釋為什麼他們投「有罪」。現在，多數派的成員在程序中成了防禦方，暴露他們思考的漏洞以及彼此間的歧見。

　　在電影內，盟友的價值也被善加描述——尤其是那些從多數派脫離，「變節」的盟友。藉由睿智的觀察與程序的改變，方達的角色爭取到一位盟友，這與

研究發現一致。

　　方達仔細留心每個陪審員的言詞與非言語行為，來判斷誰可能轉而支持「無罪」。當陪審團幾乎陷入僵局，方達要求進行投票，而且是書面不記名的投票。他知道潛在盟友會比較願意私下反對多數派——不是公開表態，而是以匿名的方式表態。方達也把重責大任放在潛在盟友上，表示自己不參與投票。他同意遵循多數派的意志，如果所有十一票都投「有罪」。這種方式下，唯有另一位陪審員挺身而出投「無罪」，異見者「無罪」的立場才可能算數。任何心中不確定，或轉而傾向「無罪」的人，都不再能藏在異見者方達的背後。

　　藉著觀察人們的言語及行動，方達了解到，最可能成為盟友的是史威尼。書面投票是個賭注，但方達感覺到自己的說服力已經到達極限，需要一位盟友幫忙削弱多數的力量。他的冒險有了回報：史威尼加入了異見的這一方。他公開承認自己投了「無罪」，而且陳述原因，其中包括欽佩方達的勇氣——這項因素也被研究證實很有用。

　　透過辯論與協商，電影彰顯了堅持一致的力量，

以及願意為理念付出代價的力量。電影也呈現了辯論與程序的「藝術」，它戲劇性地描繪了異見者如何說服多數，重點就在於堅持一致與令人欽佩，而非討人喜歡或是屈從妥協。方達不被那些與他意見相左的人喜歡，但是他具有說服力。

　　某種程度來說，史諾登也不被喜歡，但值得給予尊重，即使他的批評者也不例外，包括不怎麼可靠的消息來源。在史諾登洩漏美國國安局機密時，擔任歐巴馬總統司法部長的艾瑞克‧霍爾德（Eric Holder）後來表示，史諾登就像做「公共服務」，他啟動了改變，並得到成果。當然，這不表示史諾登馬上就能回家。

第二部

共識 vs. 異見
封閉心胸 vs. 開放心胸

讓別人認同你很重要，那也是第一部談論的主題——說服，我們看到「多數派」比「少數派」更容易爭取同意。多數派的說服力與少數派的說服力，是基於不同的原因，認同的性質也各不相同——舉例來說，多數派能公開取得我們的同意，甚至不用說服我們私下改變心意；然而，少數派的聲音往往是私下改變我們，在公開場合的影響力並不明顯。多數派的說服力直接且立即，少數派的說服力往往隱藏而幽微。

雖然說服很重要，但當談到共識與異見，爭取認同的能力只是其中的一小部分。第二部要談的是，當我們面對多數觀點或少數觀點時，會如何思考一項議題，而不只是面對爭議時，我們是否會認同特定的立場。就我看來，多數派與少數派觀點會刺激我們不同的想法，這遠比是否說服成功、是否「獲勝」或是取得我們的認同更重要——因為思維方式會影響我們思考與決策的品質。

多數派意見與少數派意見，以截然不同的方式刺激我們的想法。多數派意見（尤其當它形成共識時）會以狹隘、封閉的方式改變我們的思維，然而少數派意見（異見）卻能擴大並開放我們的想法。因此，對於決策品質、解決問題的創意，共識與異見都具有重大的影響。整體而言，共識是阻礙，而異見則是裨益。

第 4 堂
共識窄化思考，扼殺理性

　　在這一堂課，我們會探討多數派的觀點，看它是如何形塑觸及者的思維。共識讓多數派所向匹靡。單單知道多數派的意見，就足以改變我們尋找資訊的方式，我們對資訊的思考方式、考量的選項以及用來解決問題的策略，甚至我們思考的原創性。

　　我們可能會擔心，共識的力量會讓自己盲目追隨。然而，共識更狡猾的潛在危險是：它刺激我們思考，卻縮小了我們考量的範圍。事實上，它不只窄化了我們的思考，還讓我們只有單一的思路，讓我們只從共識的觀點來考量，許多研究文獻都廣泛記錄了相關問題。

通往錯誤判斷與決策的道路

當我們未經思考就同意，決策往往會出錯——也就是說，我們跟著他人意見走，不管意見是對或是錯。就如我們在第二堂課所見到，當面對共識時，我們經常這麼做，如同開啟自動導航系統。

更重要的是，共識刺激的思考方向，往往使我們與良好的決策漸行漸遠。我們在搜尋資訊與考量選擇方案時，都有了先入為主的偏見，我們也傾向不去思考一個立場的好處與壞處。共識甚至阻礙了我們發現解決方案的能力，即使這方案就在我們眼前。共識形成一個強大的吸力，窄化了我們的理解力，讓我們的觀點受限，因而成為缺乏理性的判斷者。

當獨自一人時，我們只會去思考資訊的一小部分。我們選擇與解釋資訊的方法充滿偏見，通常只挑符合我們信念的那些。我們解決問題的策略也充滿成見，就算老方法已經行不通，我們還是經常使用。

然而，面對多數派意見時，我們的思考範疇會更加窄化。更糟的是，我們的想法會偏向單一方向，也就是多數派的觀點。一般來說，狹窄的線性思考會降

低決策與解決問題的品質，這也說明了我們是如何自我洗腦的。

共識刺激單一觀點思考的力量，是群眾犯錯、做出糟糕甚至致命決策的主因，這也是為何邪教與類似組織，都致力（而且擅長）於創造共識。

邪教與自我洗腦

邪教看似與我們的日常生活十分遙遠，事實上它就像是每天都可看到的共識的極端版本。一般來說，共識會窄化我們的思考，讓我們只接受多數派的觀點。之後，我們可能把反常事物視為理所當然，失去質疑共識或看到其他選項的能力。我們甚至願意鼓吹多數派觀點，讓信息封閉的泡沫更加巨大。

1978年11月19日，許多人一醒來就聽到這則新聞：南美國家蓋亞那有九百一十八人死亡，其中二百七十六人是兒童。怪誕的照片顯示數百具屍體躺在稱為「人民聖殿教」（Peoples Temple）的瓊斯鎮教堂地

上 —— 有人認為人民聖殿教是邪教，也有人稱它為宗教運動。這不是恐怖份子或軍隊執行的大屠殺，也不是精神病患的無情射殺。證據顯示，這群人是集體自殺，他們喝下混有氰化物、鎮定劑與葡萄口味的果汁，甚至在自己喝下致命飲料前先給孩子喝。這樣的慘案為什麼會發生？

人民聖殿教是由吉姆‧瓊斯（Jim Jones）所領導，他是一位印第安納波利斯的傳教士，在二十世紀60年代中跟一群虔誠的信徒來到北加州。他的傳教宣揚平等，在當時廣受接納，尤以舊金山為最。他宣揚的教義是關於溫暖與關懷。他組織的人民聖殿教，是由互相關懷照顧的人所組成，遠離資本主義與個人主義的罪惡。當然，他添加了邪教領袖時常展現的元素 —— 也就是說，他聲稱與上帝有特殊關係，擁有創造奇蹟的能力。例如，瓊斯能在群眾面前「治癒」癌症病人。

瓊斯的傳道深具影響力，而且擁有群眾魅力。不過，他也了解共識在思想控制上的威力。為了達成共

識，他謹慎篩選容易融入社群、信服他的人。他不斷重複教義，確保潛在皈依者與信徒互動。信眾往往是全家搬到瓊斯鎮，然後彼此肯定這個搬遷的決定。瓊斯鼓勵人們公開表達認同，而且他不容許異見，甚至不容許質疑。不相信或不追隨瓊斯的朋友與家庭，很快就會被斷交。

任何異見都會遭受懲罰。批評者或表現出抗拒的人，會被定期帶到群眾面前接受懲罰。其他成員則被鼓勵要對他們施加進一步懲戒。舉例來說，若孩子抗拒或是反對，就會被公開毆打。這些都是為了達到更美好的烏托邦境界——也就是瓊斯的境界。

瓊斯理想中的境界，是遠離資本主義的罪惡，大家共同生活與工作，財產也集中管理。瓊斯認為這樣信眾將可免除日常的壓力，有人幫他們做決定，生活將會變得更簡單、更愉快，更有規律，也更平等。他們不需要自己操煩，瓊斯與他忠心的助手會幫他們代勞。

瓊斯深信（也說服信徒相信），美國政府終將摧

毀這個理想的社群。他不斷預言政府會折磨他們，然後把集體自殺作為一個光榮的替代方案。信眾被鼓勵「練習」自殺──飲用類似Kool-Aid的混和飲料，但是裡面並沒有加入鎮定劑或氰化物，這項練習很快就正式生效了。

在美國國會議員里歐・瑞恩（Leo Ryan）接獲一些令人不安的報告後，決定視察瓊斯鎮，外界終於有機會一窺堂奧。瑞恩代表加州第十一選區，那裡離舊金山不遠，他的一些選民擔憂親友被強行拘留在瓊斯鎮，向他陳情。於是，瑞恩決定自己找出真相，還帶了一組電視台拍攝人員跟他同行。

當他們來到這個小鎮，瑞恩與隨行人員開始發現潛在的問題。有人傳了一張字條給拍攝小組成員。上面指名了一些想離開的人。隔天，瑞恩宣布他會帶那些想離開的人跟他一起走。只有幾個人接受了他的邀請。然而，瓊斯與副手不允許他們對共識帶來挑戰與背叛。某種程度來說，他們明白即使只有幾位成員有異見，都將打開反對的閘門、破壞他們的控制。

當瑞恩與隨行人員在機場等候飛機起飛，幾位人民聖殿教的武裝成員突然出現，並在停機坪上射殺了

五個人，包括國會議員。瓊斯的預言似乎即將成真。知道這起殺人案必將招致反擊，瓊斯要求成員執行他們之前練習的行動。他們準備了一大桶含有氰化物與鎮定劑的葡萄果汁。大多數人遵從並喝下這混和飲料，但瓊斯沒有。他是子彈擊中頭部致死，很顯然是自己所為。他並沒有喝自己的Kool-Aid。

　　大多數人當聽聞類似瓊斯鎮事件的悲劇時，常會思忖為什麼會發生這種事。為什麼九百多人會一起自殺？很多人大概會覺得是那這些受害者的自己的人格所致——他們必然是性格軟弱，沒受教育，或是耳根子軟容易被說服。我們大多數人覺得自己不會去做這種事——我們一定不會為了領導或別人的言詞或行為，就傻傻跑去自殺。或是我們也會這麼做？由前面的例子來看，我們知道，自己不能太鐵齒。

　　在許多現實生活的案例中，共識總是來自一群人，當中一些人是領袖，其他人是追隨者。誠然，領導人與權威人物對創造認同文化很重要，但是「共識」賦予這種文化力量。瓊斯不需要持續重述他的教

義或去說服他人。共識已經為他代勞了。就如英國哲學家約翰・密爾（John Stuart Mill）所見，多數派可以成為一種專制政治的形式，但它比專權的統治者更難被發現，因為在民主國家，人們認同的是政府。多數人的意志可以比統治者更強大，部分是因為我們沒有意識到這股拉力的存在。

瓊斯的人民聖殿教能創造且維持共識，自有其原因；類似邪教的各類組織，之所以能孕育共識，如「趕走病毒」般地拒絕異見，也自有其原因。這在《基業長青》這類暢銷書中多有著墨，就如我們在第一部所見，多數派意見在取得眾人的同意上，具有強大的影響力，特別當他們有共識時，力量格外強大。

瓊斯了解共識的力量，也謹慎的將共識培養起來。他把互動局限在信徒之間，讓非信徒遠離他們的互動。任何可能有異見的人，都被斷絕交流。如果有人真的發表反對意見，或甚至表達懷疑，就會受到懲罰。共識不只是期望，還是強制的選項。在諸如山達基教（Scientology）、大衛教派（Branch Davidians）與其他許多邪教或宗教組織，也有類似的故事。他們常使用「錦衣衛」（minders），這些人無所不在，負

責報告其他人的活動，確保他們沒有與非信徒互動，或是支持異端——錦衣衛的工作就是要確保共識不受到任何質疑。

除了領導人會責令要求眾人意見一致，團體自己也擅長創造共識並懲罰異見。當我們進行到第六堂課，就會看到關於團體的大量研究。然而，我認為共識有其真正的力量，因為它能改變人們的想法。共識不只是公眾協議，它比迫使人們屈服的力量更幽微、更陰險。它的強大力量在於：讓人們自動從共識的觀點來思考。他們選擇性地尋找並分析資訊，藉以證明這個觀點。他們成了自我洗腦的共犯，在不知不覺中，他們沒有發現現實已經被扭曲。

共識的威力強大、富渲染力——而且不只存在於人們孤立、必須相互依賴的異國他鄉。當我們周遭的人認同相同一件事，我們會假定他們是對的。在售票處，當所有人都排在同一列隊伍，我們往往會走向這排隊伍的尾端；當房間裡的所有人都在大笑，我們往往也會不自覺地受到感染跟著笑。事實上，我們常常對自己模仿的行為毫無自覺。當我們開始如多數人一樣思考時，往往更缺乏意識。我們會認為自己是理性

的人，只是在尋找資訊，但我們沒有意識到，自己是在選擇性地尋找資訊——為了尋找那些支持共識立場的訊息。

有偏見的思維與壞決策

如果我們要列出導致「壞決策」（或壞決定，bad decisions）的原因，清單上必然包括狹隘與偏見的思考模式。如果你這麼思考，就不會去考量多樣的目標或多種不同的行動。你只從單一觀點選擇資訊，只關注這個立場的好處，不去思考壞處或其他選項。你從單一觀點篩選所有的資訊——這是一個做出壞決策的絕佳方法。

這情況發生在瓊斯鎮，但不是出於強制與脅迫。人民聖殿教的會眾，是基於「共識」的觀點去思考，許多研究都支持了這樣的可能性。

決策的第一個步驟，就是搜尋資訊。如果你想做出壞決策，第一步就是去搜尋那些符合你偏好的單一觀點的資訊。多數派的意見，往往足以刺激你從這偏狹的角度進行搜尋。你並非廣泛搜尋訊息，而是主動

尋找那些可以證實並肯定多數派立場的資訊。我們在柏克萊大學所做的研究，說明了這一點。

每一組四到五個學生，以為我們是在研究學生對於學校住宿政策改變提案的態度。提案包括：以性別區分樓層、執行強制性宵禁、根據大學主修分配室友等項目。我們知道學生必然討厭這些可能的改變，事實也確實如此。

之後，這群學生拿到一份調查，顯示大多數學生（大約80％）贊成這些改變。此外，實驗人員提到目前的小組也有類似的意見，五個人中有四個人贊成這項提案。每個學生都以為自己是唯一反對這些提案的人。

在等待下一階段測試時，學生被給予閱讀住宿議題額外資訊的機會。他們不需要閱讀所有的資訊。不過，如果他們有意願，可以閱讀關於調查的意見。他們可以挑選多達十二篇或短（半頁）或長（三頁詳細的意見）的文章，文章可以是贊成或反對這項提案。被挑選文章的平均數目超過四篇。更重要的是，他們選擇了哪些文章來讀。

那些相信80%學生支持提案的人，想要閱讀那些

多數派成員的意見。他們選擇支持提案的文章篇數與頁數，都超過反對提案的文章。他們想要知道細節。他們想要了解多數派的觀點。他們對閱讀該議題的其他立場興趣缺缺，而那些「其他立場」，原本是他們自己的立場。

瓊斯鎮慘案與大學宿舍提案兩者之間，看起來沒有太大關係，但重點是，就算議題比較不重要，我們還是會從多數意見開始思考。我們的思考被窄化，比自己考量一件事時更為狹隘，而且觀點也更具有偏見。我們贊同了多數派的觀點，而非自己的觀點，我們選擇性地尋找符合大眾立場的資訊。

我們搜尋偏見資訊的原因，往往跟我們追隨或同意多數的原因一樣。我們一開始就假定多數人是正確的，或是知道一些我們不知道的事。我們也想要有歸屬感。方法之一就是搜尋符合多數觀點的資訊，藉以強化多數的立場並加深認同。想想1978年，那些人在數千英里外的蓋亞那，他們的動機是什麼？很顯然，他們每個人都意見一致：「在瓊斯鎮真的很棒。」想想，如果他們心生懷疑，或是發現自己出現少數派觀點時，會有多恐懼，尤其在親眼目睹他人被嘲笑或懲

罰時，情形更為嚴重。因此那裡只有共識，沒有反對觀點，而且只要心中起疑，就要擔憂被懲罰。

某種程度而言，這個實驗的結果更值得注意，因為就算沒有類似邪教組織施加力量與控制。在沒有互動、沒有領導人的情況下，結果就這麼發生。就算議題無關緊要，類似的現象也會出現。單單知道多數人的立場，就足以讓「資訊搜尋」出現偏見。我們不只追隨多數人的立場，還願意主動搜尋能強化這立場的資訊。因為多數派的影響，我們成為自我洗腦的兇手。

如瓊斯鎮般戲劇化案例——一個毫無異見的信仰系統，最後導致集體自殺，彰顯了創造並堅持單一觀點的後果。從外界來看，或許很難理解，為什麼這些人會允許別人幫他們做財務管理、子女教養，甚至決定他們的性命。但當你了解，這是經過長時間一點一滴累積發生的，可能會比較好理解。先是簡單邀約，再來共度晚餐，接下來是參加類似同溫層的社交聚會，之後是搬去與其他成員同住，然後一起搬到其他國家，諸如此類的。

這整個過程，就像一連串誘惑，每一步都是要加

深你的投入。第一次的投入或許很小，只要你接受一杯飲料，或是坐下來聊一聊。經由一次又一次的投入，關係就很容易升級為約會、同居、共有財產等，諸如此類的關係。不過在邪教或是類似邪教的組織，個人願意放棄對基本人權的掌控權，部分是因為組織內部的共識並沒有遭到任何挑戰。這或許是邪教工具箱裡，最重要的一項法寶。

　　我們大多數人，都不是身處在如瓊斯鎮一般極端的邪教或團體。不過，值得反思的是，我們卻也住在充滿共識的資訊泡沫中。或許，我們從小就是在泡泡中長大的，就算沒有意識到這件事。在我們的宗教、文化，或政治教育中，或許只會遇到思想一致的朋友、同學與家人。雖然這或許不像真正的邪教，但養成背景其實十分相似。我們加入泡泡，是出於自己的選擇——我們選擇朋友，或是選擇符合我們教養背景的新聞媒體。我們創造、並居住在一個相對想法相同的世界，就像瓊斯鎮一般，有可能導致強烈的共同信念產生，或對自己的缺點缺乏反省。

有偏見的聚焦與解決問題

如同做決策，解決問題往往也能受惠於多元的做法。如果我們只用一個方法解決問題，我們最好祈禱它是正確的策略，或至少是最好的策略。如果聯合航空173號航班的機組人員，可以從多種途徑思考問題，他們或許會更仔細思考燃油量的問題。就如在前言所提到的，這麼做必然比聚焦在單一策略，只關注起落架要好得多。回到算數的案例，用同一個方法計算，往往導致相同的錯誤一再出現。你可以把12與19相加許多次，但如果你第一次認為它等於21，你可能會一直以為這就是答案。然而。如果你用另一個方法算，像是21減19，你得到的答案是2而不是12，你就會發現自己算錯了。

採用多重途徑，只是第一步。它不能確保你能找到正確的解決方法，但比起採取單一的方法，這麼做大大增加了找到正確方法的機率。幸運的是，當你考量多個可能性並認真的一一分析後，解決方法或決定的最佳方案，往往顯而易見。

當多數人採行一項特定策略，我們也傾向照做，

單單因為這是多數派用的策略。多數派的策略可能沒有成功的前例，甚至連奏效的機率也不高。但我們還是照著做。更糟的是，我們傾向不去運用其他策略，甚至不用那些我們平日自己會用的方法。因此，我們不只在行動上追隨大眾，我們連想法都會跟著大家走。大眾意見有個特別致命的後果就是：我們通常不會意識到它的影響。

　　另一項實驗研究說明了這一點。這次的任務是關於英文字謎重組（anagram)的解決方案。小組中的四個人被要求，當一連串字母快速出現，他們要寫下最先注意到、由三個字母拼成的單字。他們看到這些字母的時間不到一秒鐘，想像一串字母如「rTAPe」快速一閃而過，大家就看到「TAP」這個字，因為這是一個大寫字，而且順序由左至右，和我們的閱讀習慣一致的。每個人面對五個不同的字母串，並寫下他們看到的第一個字。最後，如我們所預期的，每個人都寫下那個由大寫組成、由左而右的單字。由於字母串只出現的時間非常短，他們最多只能看到這些。

　　我們之後給予受測者回饋，但那不是真的意見回饋。在蒐集完答案，四位受測者被告知小組最先看到

的字彙。以字母串「rTAPe」為例，他們被告知小組的答案是：「PAT, PAT, PAT, TAP」。每個人都以為小組內其他三個人看到的第一個字是「PAT」，這個字是原本幾個大寫字母以相反順序排列而成。全部五張卡片都給了同樣的回饋，舉例來說，當用的是字母串「wDOGa」，他們在意見回饋中，被告知自己的小組看到「GOD, GOD, GOD, DOG」。每個受測者都知道自己看到的是「DOG」，卻被告知其他人看到的都是「GOD」。現在，測驗才真正開始。

　　每個人拿到一個有十個新字母的字串，並被要求寫下他們能從這些字母組出的所有字彙。對每個字母串，他們有十五秒的時間可以思考。他們寫下了什麼？跟沒有收到其他答案回饋的控制組相較，兩者組合出的字彙是否不同？答案是「是的。」在從新字母串組合字彙時，這些人採取了多數派的觀點，運用了多數派的解決策略。雖然多數派並沒有告訴你怎麼去想，但那確實是他們組合字彙的方式──他們使用反向順序去尋找字彙。

　　多數派一致地從字母的反向順序組合字彙。現在受測者在面對新的字母串時，也試著用同樣的方法

組合字彙。讓我們看個案例。假設我給你一個字母串「nRAPo」，要你試著從中組合出最多的字彙。現在看看你會如何組合這些字彙？你可以由左往右、向前排序的方式組字（如我們一般閱讀的方式），得出的字彙像是NAP、RAP與NO；或是你可以用向後排序的方式，得到OR、PAN與OAR；你也可以用混和排序的方式，得出如NOR、RAN與APRON等字。

結果顯示，人們會運用多數派的策略，來組合字母串裡的字。他們組出的字，比沒有收到回饋的控制組，有更多人採用反向排序。然而，整體來說，他們並沒有找出更多字彙。因為他們是用反向排序的方法組合單字，而不是用正向排序找字。接觸多數派的策略後，他們把解決問題的方式聚焦在反向法，這讓他們的眼光變得狹隘，降低了使用其他策略、尋找其他解決方案的可能性，即使那些方法他們自己曾經使用過，像是正向排序。

專注可能成為負債

在決策與解決問題上，我們發現多數派會促使你

狹隘聚焦在多數觀點上。一般來說，狹隘的專注是一項會導致壞決策的負債，因為我們限縮了搜尋的資訊，以及考量的選項。這樣導致了解決問題成效不彰，因為我們同時限縮了自己的策略。在大多數的情況下，用這個方式限制自己有很大壞處。我們不再去思考情況的複雜性，或認真考量多數派之外的其他方案。我們甚至連看都不看。

下列這個研究說明了，當沒有人挑戰多數派的判斷，人們會傾向不去看其他的解決方案。這個情況類似於聯合航空機組人員忽視燃油量，只把焦點放在起落架一般。在這項研究中，受測者的任務是去確認是否有個小人（如獨臂吊死鬼一般的人形），被嵌進一幅大圖畫中。受測者會觀看六張更複雜的圖片，其中可能包含吊死鬼的圖樣，它可能側向一面或上下顛倒。受測者的任務在於，尋找這六張圖片中，哪幾個有吊死鬼的圖樣。事實上，有三張圖片中有吊死鬼，另外三張沒有。其中有一張很容易就能判別。

受測者被分成六人一組，一起來完成這個任務，在每一小組的六個受測者中，有四個（多數）是臨演。這四個人都做了同樣的兩個選擇：選出容易判別

的那張與另一張。在第一種情況下，第二張選擇是對的，圖片裡的確有個吊死鬼。在第二種情況下，第二張的選擇是錯誤的，裡面並沒有吊死鬼。結果發現，不論多數派對或錯，都沒有差別。人們總會跟著多數走，沒有絲毫偏差。他們會挑選和多數派完全一樣的兩張圖片，不論它們是對或是錯。

更重要的是，另外四張沒被多數派選到的圖片，他們也無法找出其中的吊死鬼。另外四張中應該有兩張是正確的。然而，受測者沒有發現。當面對多數意見時，他們似乎只關注多數人選擇的圖片，甚至沒有仔細瞧瞧其他圖片。他們找不出其他的正確答案，他們唯一做的就是追隨多數，不但是追隨多數人的意見或策略，還把注意力全都放在多數的選擇上。

從邪教到駕駛艙

在解決問題或做決定時，如果你只採取單一觀點，最好老天保佑這觀點是正確的。採取單一方法很有效率，但如果這方法是錯的，你會很快就會從懸崖墜落。這往往不是一個做決策的好方法。一般來說，

決策與解決問題都能從廣泛搜尋資訊，以及廣泛考量選項中獲益。狹隘的觀點只有當它是正確的，或是沒有其他選擇時，才能發揮效用。

更大的問題在於，當我們追隨多數人的思考方式或解決問題的策略時，不太可能注意其他資訊或其他可能出現的不同問題。我們也比較不會運用多重策略來解決問題，這或許也是聯航173號航班發生悲劇的原因之一。在那案例中，狹隘聚焦所造成的，不只是效率不彰或幾乎失敗，而是飛機真真實實地從天上掉下來。讓我們在這堂課的基礎上，重新回顧這個案例。

你可能還記得在前言當中，聯航173號航班在由丹佛飛往波特蘭的途中，機組人員聽到噪音並感覺震動，平日指示起落架就定位的燈並沒有亮。機長與機組人員都把焦點放在尋找起落架的問題。他們沒注意到，或是更精確來說，沒有人表達出來的是：飛機快要沒有燃油了。最後，他們墜落在波特蘭近郊，距離機場東／東南方只有六海里。

許多人可能會想，一個人或許有可能太過專注在起落架的問題，所以沒有注意到燃油量——但怎麼會三個人都沒注意？而且是一組有經驗的機組人員，包括機長、副駕駛以及飛航工程師？一般來說，我們假定若團體的人數愈多，就愈有能力解決問題。但事實上，如果大家形成共識，反而會成為解決問題的阻礙。共識會讓人更不願意挺身發言，即使他發現另一個問題，或有不同的解決方法。

　　在聯航173號航班的案例中，機長沒有明確指示所有人只能把焦點放在起落架上，他並不是監視所有機組人員要聚焦的瓊斯，促成單一焦點的力量來自於共識。在長達45分鐘的時間裡，他們只狹隘的聚焦在單一問題（起落架）上，完全無視其他浮現的問題（燃油不足）。其實，他們就像只用反向排序的方式在組合字彙。

　　在悲劇發生後，人們試著從這個「經驗教訓」中找尋答案。國家運輸安全委員會（National Transportation Safety Board）把事件歸咎於機長與機組人員上。總結來說，國家運輸安全委員會觀察到，機長太專注於起落架故障的問題，沒有聆聽機組人員的意

見，但機組人員本身也沒有傳達情況的緊急性——是共識讓他們鑄成這個錯誤。

聯合航空事件點出了另一種形式的盲從——沉默的追隨，意思就是，當看到問題或是發現缺陷時，不敢挺身提出。機組人員保持沉默，雖然他們注意到燃油量的問題，波特蘭控制塔台甚至有就此詢問。機組人員或許有談到這點，但沒有「挺身提出」。這個機艙內集體膽怯的情況，體現了「好人袖手旁觀」時，會發生什麼事。

國家運輸安全委員會發現，機組人員可能是依循機長的思路。調查人員明白，機組人員的行動不能簡單以「順從」或是「願意遵照指令」解釋。然而，他們沒有發現全體機組人員無異見的情況，強化了這樣的思考模式。所有的研究都顯示，如果有一人挺身指出可能的危機，打破共識，共識的力量就會被大幅削減，而機組人員比較可能會獨立思考。

國家運輸安全委員會偏好的解決方案，就像所有我知道的大學與組織，是透過教育與訓練，達成機長的「參與式管理」（participative management）及機組人員的「果敢自信訓練」（assertiveness training）。換

言之，機長無法成為高高在上的國王，不能阻絕來自下屬的訊息與問題。機組人員必須挺身而出提出想法。在許多組織，想當然耳的解決方案是訓練。訓練有幫助，不過大體來說，它在對抗偏見上，不是那麼有效。

我認為，在促使人們挺身發言上，訓練也不是那麼有效。權力與階級是現實的，人們不會輕易放棄權力與職位，而且挺身而出有其代價，這代價可能是真實，也可能是想像出來的。我們發現，當人們屬於少數族群或是認為自己缺乏足夠經驗時，特別不願意挺身而出。當起義者出現，就能改善這個狀況。當共識未受到挑戰時，就會帶來真正的危險。

我們知道，當觀點狹隘時，就無法做出優良的決策，而且也會破壞原創的想法。在另一項研究中，我們探討原創想法是否為接觸大眾意見後的產物，可稱為是「共識造成封閉心靈」的案例之一。受測者在判斷一系列的藍色卡片時，於特定情境下，他們發現大多數人（八成）把這些卡片看成是綠色。在另一個控制情境中，他們不知道其他人判斷的結果。之後，他們完成一項字詞聯想的任務。他們要提出七個與「藍

色」相關的詞彙，以及七個與「綠色」相關的詞彙。研究顯示，那些接觸到多數派「指藍為綠」判斷的人，在字詞聯想上相對保守，跟控制組比也較缺乏原創性。

共識與聚焦的另一面

如果我們只提到共識與聚焦思考的壞處，這樣的討論不夠完整。大體來說，當關注範圍狹窄對決策與解決問題不利，但有時候它也有其優勢。當這觀點是正確的，專注其實是好事。這麼做非常有效率。但是儘管如此，狹隘的專注仍限制了考量的範疇，降低見到潛在問題的可能性。

在一項測試共識導向思考優勢的研究中，我和同事發現，困難之處在於：很難找到一個實驗能體現狹隘思考具備的優勢。不過，我們還是找到了一個，它叫做「史楚普測試」（Stroop test）。這是一個很罕見的測試，測試的表現，取決於受測者能否聚焦在一個面相，同時忽略其他面相。在這個任務中，一系列關於顏色的詞彙，是以不同於字面的顏色印刷。受測者

要以最快的速度，正確唸出印刷油墨的顏色。

　　由於本書是黑白印刷，你必須運用想像力來理解下列這項任務：

　　想像以下這組字：

黃色 白色 藍色 紅色

　　然後想像「黃色」兩字是以紅色印刷，「白色」兩字是以綠色印刷，「藍色」兩字是黑色，「紅色」兩字是藍色。你可能會想要拿張紙寫下這些字，以更清楚了解這項任務。

　　你的任務是要把這四個詞唸成「紅色，綠色，黑色，藍色」。這些是印刷油墨的顏色。你會發現，當你想加快速度時，會開始說成字面上的顏色（「黃色」），而非印刷的顏色（「紅色」）。原因在於：這是一個關於干擾的任務：字面上的顏色與印刷的顏色相互干擾。

　　史楚普測試是少數可顯示出聚焦在單一面相是有

利的研究。不過，你必須把焦點放在正確的面相（油墨顏色），同時忽略其他面相（字面意思）。這也是少數幾個能彰顯限制訊息有益的任務之一，人們往往很難做到這一點。他們要不是大幅慢下來，避免唸成字面的顏色，就是會一再出錯，這也是為什麼我們必須指示受測者盡量回答得又快又正確。

在我們的研究中，多數人判斷的焦點不盡相同。有時，多數人把焦點放在字面上的顏色，在另一個情境中，他們則把焦點放在印刷的顏色。不論在哪個情況，受測者都會追隨多數人著重的點。所以，那些接觸多數人把焦點放在印刷顏色（正確面相）的人，會把焦點放在印刷上，在史楚普測試裡也會表現得特別好，他們更快也更正確。那些接觸多數把焦點放在字面顏色（錯誤面相）的人，也會把焦點放在字面上，因此在史楚普測試表現得格外差。不過，不論在哪個情況，他們都採取多數人的觀點。

在情境一當中，焦點是對的（印刷顏色），在情境二當中，焦點是錯（字面顏色）。在史楚普測試中，聚焦可以是優勢，也可以是劣勢。在其他的測試中，如果單一焦點是正確的，它可以很有效率。問題

當然在於，單一焦點很少是優勢，而且我們很難知道多數人的焦點是否正確。不過。我們的研究彰顯出：如果一項任務要求忽略一些資訊，原則上來說，只去關注單一焦點，可以算是優勢。

　　總結來說，多數人的判斷（尤其當他們形成共識）促使人們在思考某一議題時，只從多數人的觀點去思考。這個專注的行為窄化了我們搜尋的訊息、考量的選項以及採行的解決策略。它就像是一個過濾器，促使我們像多數派一般思考。雖然這個一般原則可以是優勢或劣勢，但一般的情況則是：**狹隘的專注會降低我們決策與解決問題的品質。**

第 5 堂
異見強化思考，
讓想法更多元

在第一部，我們了解到多數派與少數派如何說服別人認同他們的立場。單單憑藉說服者是多數派一員或少數派一員，方法就大不相同。我們了解到多數派與少數派是透過不同途徑得到認同，而且可能在不同情況（例如，公開或私下）下改變別人態度。在第二部中，我們了解到多數派與少數派意見的影響力，比說服或取得認同要來得更廣。不論我們是否同意或追隨那些想要影響我們的人，他們改變了我們思考這個議題的方式。不過，當影響是來自多數觀點或少數觀點時，其對我們想法的改變是迥然不同的。

在上一堂課當中，我們研究了多數派的影響力。

多數派能促使我們以狹隘及偏見的方式思考（尤其當它未受到任何挑戰時），如果沒有受到影響，我們的偏見會減少很多。這偏見還有特定的方向——我們會特別從多數的觀點來思考，所以會挑選符合多數立場的資訊，我們在解決問題時，也會運用多數派的策略。我們從多數人的觀點思考議題時，就會成為多數派的同夥——即使我們沒有顯示出站在多數派的立場。結果，決策與解決問題的品質往往會被降低。

在這一堂課，我們會了解異見者的觀點（少數意見）也會改變我們的想法，而且這次的消息是正面的。當我們接觸異見的觀點，我們會比原本思考得更發散。不論異見是對或錯，都有這樣的效果。用譬喻的說法，就是我們探索不同的道路。我們從議題的各種面相蒐集資訊，探尋更多不同的選項。到頭來，我們能做出更好的決定，發現全新的解決方案。

異見有諸多好處。在第二堂課中，我們了解異見的好處之一，是它打破多數派吸引群眾盲從的力量。在這一堂課，我們會了解異見更大的好處。異見能刺激我們用更沒有偏見、更開放、更發散的方式思考。如果我們有無限的金錢與知識，大多數研究者都會想

試著訓練人們以這個方式思考，因為這樣能提高判斷與決策的品質。不過，訓練往往沒有太大效用，或是只有短期的效果，在這裡，我們要提供一個可以達成這類結果更有效的機制。不過，異見不只是共識的解毒劑，更重要的是，它激發了我們的思考，讓我們得以考量議題的多重面相，發現新的解決方案，甚至以更原創的方式思考。

異見的價值，不只在於異見者的英雄主義，或是這反對的論點究竟是否正確。我們往往沒能看到異見的價值，或是直到異見的論調被證明是對的，像伽利略的案例一般，我們才看到它的價值。但我要主張的是，就算異見不能使我們信服，甚至是錯的，它仍有其價值。異見的價值在於，它以不同的想法刺激了我們。異見不同於自覺或是設計好來刺激我們思考的訓練，它能快速讓我們重新思考自身立場，並且考量其他方案。

異見就像解放者：前情提要

在第二堂課，我們看到儘管異見者是錯的，或是

他不跟我們站在同一邊，仍能打破多數促使我們同意的力量。只要一人挺身而出挑戰權威，就能打破共識的力量，因為多數的力量在於眾人一致同意。異見打破這個狀態，結果就是我們獨立思考的能力大增。

在一些早期研究中，我們了解到人們會盲目追隨多數意見，就算多數是錯的，而且事實擺在眼前。研究人員試著了解為什麼會發生這種事，並且思考有什麼解決之道。你要如何讓人超脫多數意見，獨立思考？在這些早期的研究，解決之道已然非常明顯。雖然他們不以「反對者」稱之，他們發現任何對多數派的挑戰，都能打破它讓我們盲從的力量。

真相比我們想像的更不可靠。我們盲從多數，不論它是對是錯。異見能打破多數派對我們的控制，不論它是對或錯，即使異見沒有任何可信度，仍然有其用處。想像一下，在阿希線條長度的研究中，異見者的視力可能非常差。威斯康辛大學的弗恩·艾倫（Vern Allen）與約翰·萊文（John Levine）在一個有趣的實驗裡就是這麼做的。他們利用線條長度或類似的視覺刺激物，設計了一個實驗，讓一個臨演戴著厚厚的眼鏡走進測驗現場。他詢問測驗人員這個實驗

是否要看遠，談及了他的視力問題，甚至沒有通過簡單的視力測驗。可以想像其他參與者會認為，這個人恐怕沒法好好判斷線條長度，因為顯然他根本看不清楚。

　　就算受測者指出這個人的視力可能很差，他的社會支持仍舊發揮作用。當他作為研究中的異見者，以及正確答案的盟友，從眾的情況就會快速下降。比起沒有盟友，受測者的從眾情況少了三分之一。這些研究的重要性在於，它們顯示出多數派的力量核心在於「全體意見一致」。當這個狀況被打破，人們就不會盲目追隨錯誤的多數。當這情況發生時，我們就會看到挺身發言者的力量——就算他是錯的，或他的判斷讓人嚴重懷疑。不論是怎麼樣的異見者，都能打破共識，增加我們獨立思考，不被他人左右的能力。我們「知己之所知」，而且更願意表達出來。

　　現在，我們再來看第二個優點，而且這或許是異見最重要的好處。

異見就像創意激發器

本堂課的主題，也是異見第二個好處，在於它能刺激發散式的思考。當我們接觸不同意見，就會變得更開放、更好奇，更願意去考量多重觀點，甚至更忠於自己的想法。在我們開始分享支持這個主張的實驗證據前，讓我先告訴你這些想法從何而來，這或許會讓你感覺十分熟悉。或許這也是本書最個人化的部分，數十年來，我一直對「異見的力量」這個主題十分著迷，它已經成為我的思考方式，甚至成為根深柢固的價值觀之基礎。

我對異見潛在好處的深入研究，不是源於年輕時的經歷，也不是源於一個特定的事件，像是教師會議或是新聞故事。我沒那麼聰明。我是在研究陪審團一致決議要求的過程中，發現到這一點。

或許很多人不知道，並不是所有美國的陪審團都必須達成一致的意見。奧勒岡州與路易斯安那州就不要求陪審團要達成一致意見，有些被告因10比2或11比1的審判結果而定罪，之後依照法律規定的正當程序與平等保護提出上訴。舉例來說，在密蘇里州的審

判中，陪審團的意見必須全體一致，在1972年的一椿上訴中，美國最高法院否決被告的上訴，裁定被告的憲法權利並沒有被侵犯，原先有罪的判決得到了支持。

　　我在維吉尼亞大學教書時，研究過這個事件。在當時，我一開始的調查程序很傳統，就像第一部談到的研究，我和學生是研究誰「贏」——如果要求的是一致同意而非多數決，投票與裁決是否會改變？我們與維吉尼亞大學法學院合作，以實驗性研究與實際法庭進行這項調查。為了追蹤討論過程，我們把每個評論編碼——誰做出這評論，對誰說，以及這評論的性質。每四秒就有一則評論，你可以想像，我與四個最優秀的大學生一起，花了數百小時一遍又一遍觀看這些錄影。

　　最後，我們發表了這些研究，但真正的洞見，其實來自重複收看這些錄影帶。當要求全體意見一致時，異見者似乎爭論得更激烈，也堅持了更久。我明白到，這些改善了討論與決策過程的品質。參與者考量了更多證據，以及更多解釋證據的方法。他們並不是匆忙做出判決，而是考慮過其他選項。他們就同樣

的證據，討論了不同的可能性。「現場的藥丸與酒精是自殺的證據嗎？或是代表意外的服用過量？還是這是一起謀殺？」當討論中有個不屈不撓的異見者，我們就會看到這樣的思考模式——也就是發散式思考。

這項洞察在我心中生了根，衍生出一個長達數十年的研究。我早期的研究，是在測試因果關係。異見是否能刺激發散式思考，或它只是因為其他原因同時出現？如果沒有異見，思想的本質是否會不同？我之後的研究，則鎖定在決策品質與解決方案的創意上。我們一再發現，異見者能擴大參與者的眼界，刺激發散式思考。發散式思考寬廣且充滿好奇，有深度而且仔細深入。

從許多層面來看，本堂課是第四堂課的鏡象對照（mirror image）。我們會回顧許多一樣的研究，因為它們比較了「由共識激發的想法」與「由異見激發的想法」有什麼不同，兩者也都跟控制組做比較。在第四堂課，我們將共識組與控制組對照，一再發現前者會讓思考窄化，只去考量共識的觀點。再此，我們對比異見組與控制組，會發現正好相反的結果。異見能開闊視野，並讓考量範圍更廣闊。

搜尋資訊——利與弊

　　一般來說，我們通常都不接受那些有違自己信念的訊息，尤其當我們很肯定自己是對的時候，更是如此。我們偏好那些符合自己理念的資訊。然而，當我們發現外界的共識與自己的立場不同時，行為就會一反常態。我們不是去尋找支持自己立場的訊息，而是來個大轉彎，反向去搜尋支持共識的訊息。我們不去研究事情的兩面，而是拋棄原本的想法，接受共識的觀點，開始尋找支持共識立場的訊息。

　　當異見出現，我們不會只從單一立場搜尋資訊，像是自己的立場或異見的立場。相反的，我們擴大自己的搜尋範疇。我們尋找關於議題正反兩面的資訊，同時考量正面、反面與自己的立場。

　　在我們第四堂課討論的一個研究中，大學生收到一個他們強烈反對提案的調查結果。之後他們有機會閱讀支持或反對這提案的訊息。結果顯示，他們選擇閱讀的資訊，深深受到持反對立場學生比例的影響——那些學生支持這可怕的提案。當大多數的人支持這些提案，受測者想要閱讀可以解釋並確認多數立

場的資訊。當只有少數學生支持這些提案——也就是說，當有異見立場出現，他們搜尋的資訊會大不相同。

當受測者知道有少數人支持這可怕的提案，他們會想要更多通盤的訊息。他們想去閱讀更多更長的相關文章，他們蒐集的資訊量也比其他情況要大得多。特別重要的是，他們想要了解兩種觀點背後的原因。他們在選擇閱讀的資訊上，沒有特別偏向哪一方。在支持提案與反對提案的文章上，他們幾乎挑選了一樣的數量。他們想知道為什麼有人支持這些提案，也想了解人們反對這些提案的原因。他們想要閱讀支持他們立場的訊息，也想閱讀反對他們立場的資訊。不論這些提案是否對他們個人產生影響——也就是說，不論這些提案是否會在他們還是學生時，或是幾年後才執行，結果都是一樣的。

廣泛參與，發現新的解決方案

當人們在搜尋資訊時，異見會刺激發散式的思考，這項發現與其他研究結果是一致的。在一個研究

中，受測者需要回想訊息。當人們面對異見，他們對資訊細節記得比較清楚。過程如下：

四人一組的受測者聽一個錄了十四個單字的錄音帶。他們被要求指出他們最先聽到的單字類別。在十四個單字中，四個是水果類，另外各兩個單字分別屬於鳥類、家具類、工具類、服裝類與交通工具類。受測者自己最先注意到的是水果類，那是十四個單字中有最多字的種類，在清單中最前與最後的字都是屬於這一類。總共有三個清單，包含這十四個單字。

在一個情況中，受測者了解到四人小組中有人第一個注意到的是不同種類——鳥類，其他人最先注意的都是水果類。這是一個很簡單的控制手法，一是異見只出現在第一個清單，另一是出現在全部三個清單。在得知他人的回答後，受測者聽到三個單字清單全部四十二字的錄音，但順序是隨機安排。在聽完錄音後，他們寫下所有記得的單字。之後，他們聆聽一組三十個不同種類的全新單字，然後寫下所有他們能記得的單字。

相較於不知道其他人最先注意什麼的控制組，那些知道異見者立場的人可以記得更多單字。他們能從

原本四十二單字記住更多字，也能從有三十個完全不同類別字彙的新清單，記下更多詞彙。他們更仔細地留意資訊的內容。

隨著時間推移，一致性再次被揭示為異見力量的重要因素。正是由於受測者一再注意到三個清單上的鳥類，而非僅僅留意單一清單，使得回想的情況顯著改善。這很像第三堂課關於說服的研究，異見者要堅持己見才會有影響力。也就是說，要激發好奇與發散式的思考，比較有效的方法是：不只要表達你的反對立場，而且要表達不只一次，此外還要始終如一的堅持下去。

第三個研究為「異見刺激人們注意更多元資訊」提供進一步證據。這個在第四堂課有簡略提到的研究，是關於嵌入式圖樣的測驗。藉著刺激受測者更仔細的閱讀，異見讓他能發現新的解答。在這研究中，受測者被要求找到所有嵌入吊死鬼圖樣的圖片。這是「沃爾多在哪裡」（Where's Waldo?）的簡單版。你可能還記得，當多數人找到一個不明顯的圖樣，受測者就不分青紅皂白的盲從。他們甚至不去看可能的替代選項，因而無法找出其他的正確答案。相反的，當

少數人在其他地方發現這圖樣，人們不會照著他們的方法做，但是卻在其他對比圖片找到正確的解答。他們會仔細研究所有的對比圖片。他們不會只是盲目猜測，而是比控制組或是身處多數派的人，更能找到正確的答案。異見能幫助受測者找出正確的答案，即使那答案並非異見者所提出。

利用多重策略

異見打開我們眼界的效果，比我們蒐集資訊、記憶資訊或留意多重面相的效果還要大。異見能刺激我們採用多重策略或是不同的解決途徑，也讓我們能把問題解決得更好。如之前所述，當我們用多重方式處理問題，常常會發現更好的解決途徑，也更容易找到自己的錯誤。異見促使我們運用多元的策略，這麼做也對我們大有益處。

舉例來說，想想上一堂課我們簡單談過的研究——在那研究中，一組四人的受測者會看到一個單字串，像是「rTAPe」。他們要指出自己看到的第一個單字，像是例子中由左到右的大寫字母是 TAP。當告訴

他們組裡的其他幾人看到什麼，情況就會不一樣。在兩種情況中，多數（其中三人）或少數（其中一人）再三指出由反向排序的大寫字母PAT。

我們在第四堂課看到，當多數人這麼做，受測者在讀字母串時，會採用跟多數人一樣的單一策略——右至左反向排序。但當只有一人（異見者）一直用反向排序的方式讀字，情況就會改變。在這個情況下，受測者會放開心胸，嘗試所有可能的策略。他們不只依循異見者的反向排序策略，也用其他三個策略來組字：正向、反向，與混合排序。他們不只看到par與ear，也看到rap與art。他們整體表現也比較好。藉著運用所有的策略，他們比其他情況下組出更多的字彙。

兩個範例：來自電影與現實生活的案例

本書最重要的啟示，是異見刺激我們發散式思考的概念——並且從多個方向搜尋資訊、考量選項，運用更多策略，比原本的自己更願意廣納百川。因此，異見者能夠改善小組的表現與決策，我們在第三部會

有更完整的調查結果，但在電影《十二怒漢》也有清楚呈現。

在第三堂課，我們討論了這部電影如何呈現異見者說服大眾的方法。亨利・方達的角色——唯一投「無罪」的陪審員，說服另外十一個陪審員同意他的觀點，電影描繪了他達成目標的微妙技巧。電影也刻劃了異見一個更重要的優點——它刺激發散式思考並且提高決策品質。

在電影一開頭，傾向「有罪」判決的十一位陪審員認為沒有必要討論——一目了然就是一級謀殺案。我們預期他們會很快做出裁定，要異見者趕緊屈服，達成「有罪」的判決。然而多虧方達的異見者角色，他們沒有成功。

扼要重述一下劇情：證據看起來極具說服力。有兩位目擊證人。一位是住在案發現場樓下的老翁。他作證表示自己聽到打架聲，而且特別說他聽到「那孩子」（被告）對他父親說「我要殺了你」，之後老翁聽到身體撞擊地板的聲音。他跑到門口目睹被告從樓上跑下來，所以他就報了警。當警方來到案發現場，看到父親胸膛插著一把刀子。由里・柯布（Lee J. Cobb）

飾演的陪審員說，這些是「事實」。沒有什麼好討論的。然而，在方達堅定不移的反對，以及不斷問「難道他們不會出錯嗎？」下，陪審員開始出現發散式思考。

他們要求看公寓的平面圖，看房間的尺寸，並重演老翁的證詞。角色扮演後他們同意，從聽到身體撞擊地面到跑到門口目睹被告下樓，中間的時間非常短。他們發現這位年長的目擊者，不可能在那麼短的時間跑到門口。他們同時也考量了火車隆隆駛過的響亮噪音，這噪音讓任何人都很難精確聽到身體撞擊地板的聲音。這讓他們開始懷疑目擊者的證詞。方達的異見促使陪審員尋找更多資訊（公寓平面圖），用更多方法判斷證詞的正確性（重演一遍），注意到其他可能的相關證據（火車隆隆聲），並考量其他面向，像是目擊者的可能動機以及可能看錯或聽錯的情況。

在現實生活中，關於異見力量的單純案例，比電影劇作難找得多，因為現實生活事件的發生，往往是出於多重原因，而且有多重結果。不過，史諾登的例子會是彰顯這些原則運作之道的好工具。在洩漏美國國安局監聽相關文件上，他是以少數派之姿發聲。他

挑戰權威，但他也挑戰信任政府監聽的老百姓。史諾
登的異見，不是在於洩漏國安文件，那只是一個工
具。他的異見是在於挑戰大眾對「政府蒐集個人資訊
是出於善意」的信念與信心。他的異見不只在於揭
露政府行徑，也在於伸張個人隱私權。史諾登的立場
是，政府的監聽行為已經違反了憲法規定的基本人
權。在第二堂課中，我們談到他說服與改變人心的能
力。現在我們要集中討論他的異見是如何刺激發散式
思考。

> 　　愛德華・史諾登是個孤單的少數派。當他在
> 2013年5月釋出關於國安局監聽系統的機密文件時，
> 幾乎被所有人痛罵。媒體與政府都對他不假顏色。政
> 客與自我標榜的專家也視他為賣國賊。對他們而言，
> 史諾登洩漏機密文件，會危及國家安全。
>
> 　　在許多類似這樣的情況，除了一些投票與調查
> 顯示的跡象，或是監聽系統改變，很難看到異見的影
> 響力。在史諾登的案例中，可以看到一些證據，證明
> 他改變大眾對國安局監聽系統的看法，不過儘管如此

花了很久的時間。更重要的是，史諾登事件說明了異見更廣泛的影響力。史諾登讓我們對這個議題與其他議題的想法有所改變。比方2014年1月，歐巴馬總統的國情咨文演講就是個好例子。

歐巴馬總統曾經為監聽系統大力辯護，但在演講中表示，他現在考慮的更廣泛。他從「辯護長」轉為從多元角度看待這事件。史諾登洩密案後七個月，他與每個人討論，包括監督委員會、外國盟友、業界領袖，甚至懷疑論者，以發散的方式搜尋資訊。在演講中，總統巧妙的總結了反對意見。他了解有效蒐集情報同時保護隱私，有其困難之處。他了解這對商業風險投資，與其他政府關係，以及對美國人民信任度的影響。盟友與對手都推崇他把多重的利益與觀點列入考量。用我們的話來說，歐巴馬總統從為系統辯護的收斂式思考，轉變為考量各種立場的發散式思考。他了解到，這件事不只是非法洩漏機密資訊，還有關於監聽與隱私更廣泛的考量，可以延伸到商業、外交政策與國民的信任。

在史諾登洩密案後，還有另一個關於發散式思考的證據：一般人會尋找新的資訊，並從隱私的角度考量許多議題。之前我們想到無人機，只會想到它們能協助運送包裹，或是幫助消防員與地產經紀商。現在我們也會想到，無人機可能會入侵我們的領空，或是擾亂我們的平靜與安寧。之前我們看到網站條款會直接點「同意」，不去思考這樣做是允許網站追蹤並使用我們的個人資料。現在我們變得更注重資料的儲存與使用。我們許多人會回顧從開國元勳到丘奇委員會（Church Committee）的歷史，並發現它們早在越戰期間就警告我們監聽與情報誤用的危險。

在史諾登洩密案後，我去舊金山教會區（Mission District）一家小電影院看了紀錄片《魔鬼藏在同意書裡》（*Terms and Conditions May Apply*），並在咖啡館就此進行熱烈的討論，參與者包括Google企業部門的創辦人。我們討論無人機的利與弊、「老大哥」的監聽以及網路時代的隱私議題。我可以向你保證，如果不是因為史諾登洩密案的刺激，我不會有這些觀察與討論，我也肯定不會去這家小戲院看電影。我們都開始以發散的方式思考，想法變得更寬廣，也更仔細。

現實生活的事件是由多重因素決定。人們在2013年後開始大量蒐集關於隱私與國家安全資訊，無疑基於許多原因。不過，原因之一很可能是受史諾登的觀點與行為影響。研究顯示，異見能刺激人們尋找關於事件一體兩面的資訊，隨之而來的想法會延伸應用到其他情況中。

在策略與創造力之間切換

有時，我們不單單需要開放的心胸與深度的思考。我們需要整合不同的思考方式與選項，需要在不同焦點間靈活的移動。當我們這麼做，就更能想出有創意及創造力的解決方案，或至少在思考上更有彈性。這也彰顯異見的另一個優點：它不只讓我們看到不同的路徑，也讓我們在需要時能從這一條路切換到另一條。

如果你還記得第四堂課的史楚普測試，會想起那是少數幾個顯示收斂式（而非發散式）思考優點的測試──前提是要把重點放在正確的面向。如果你執行一個好點子，而且方法也正確，收斂式思考賦予你的

優勢就像馬戴上眼罩，可以行動非常迅速。

在運用史楚普測試的研究中，我們發現大部分人從多數派角度激發了收斂式思考。當受測者的焦點正確——把注意力放在印刷的顏色而字面上的顏色，在史楚普測試中他們表現得比較好。他們把焦點放在印刷上，能夠忽略分心的資訊，如字面上的意思。但當他們的焦點錯誤，把重點放在字面意思而非印刷的顏色，就表現得特別差。他們再次採收斂式思考，但這次是針對錯誤的面向—字面的顏色，結果就無法正確回答印刷的顏色。

在一個不同但相關的研究中，我和一位前研究生調查了人們從一個焦點靈活切換到另一焦點的能力。受測者能否視情況把注意力從印刷顏色移轉到字面意思？我們發現，異見者可以激發這種靈活度。根據目前的理論，你可能會預期，當人們接觸異見者，就能把焦點同時放在印刷顏色與字面意思，也就是一種形式的發散思考。你可能沒有預期到的是，異見者不只刺激人們考量這兩個面向，還賦予我們採用最適合的方式靈活反應。

這個新研究依循類似前一個的流程。我們研究少

數派意見的影響力，異見者在初始階段會把注意力放在印刷顏色或字面上。讓我試著描述，讓你可以加以想像。

如果受測者眼前出現一張卡片上面有兩個單字，例如，一個是用藍色油墨印的「藍色」，另一個是用綠色油墨印的「黃色」，他們會傾向表示自己第一個注意到的顏色是藍色，因為印刷顏色與字面相符。在這個研究裡，一個人（我們的異見者）不斷選擇一個不同的字。選擇顯示她把焦點放在印刷顏色（若她說「綠色」）或是字面意思（如果她說「黃色」）。這個簡單的安排確立了異見者是少數，也顯示了她鎖定的面向。我們想要測試受測者依適當的情況，從一個焦點切換到另一個焦點的能力。以下是我們測試靈活度的方式。

不像史楚普測試要求只能念出印刷的顏色，這個研究的受測者，被要求從印刷顏色換到字面顏色。在「高靈活度」的情況，他們每三個字就要轉換一次焦點。每回答三次就要從說印刷顏色轉換到說字面顏色，其實並不容易。在「低靈活度」的情況，他們也要從說印刷顏色轉換到說字面顏色，但是一頁只要轉

換一次即可——他們在一頁把注意力放在印刷顏色，在下一頁把注意力放在字面顏色。在這個「低靈活度」的情況，受測者的焦點不需要一直換來換去。

結果顯示，少數派把注意力放在印刷顏色或字面顏色並不重要。他們特定的立場也不重要。重要的是，他們是少數派的聲音。受測者沒有隨之起舞，但能把兩個面向都考量到。這樣的思考更發散，也更靈活。更重要的是，在這測試中受測者能更依情況，把注意力從閱讀印刷顏色轉換為讀字面顏色。

這種思考靈活度，在史楚普測試主要表現在高靈活度的條件下。當要求受測者快速轉換注意面向時，異見的價值才會彰顯出來。異見幫助受測者用適當的焦點，在每三個單字之間轉換。他們的表現比其他幾組都好得多。這個研究的重點是，我們從異見者身上學的，比他代表的立場還多。我們更考量多元立場，並適時從一個立場轉換到另一立場。當我們的思想更靈活，想法就會更寬廣，而這對於創造力十分有益。

在做複雜的決策時，思想靈活性以及從不同觀點切換的能力格外重要。按順序思考各種選項是一回事，在不同選項間靈活切換又是另一回事。一個在醫

學領域的實際應用，彰顯了尋求不同觀點、甚至反對觀點，對思考靈活度的重要性。

　　真正優秀的醫生，會靈活地在不同診療策略之間轉換。他們汲取不同專科醫生的觀點，在診斷症狀時，靈活切換不同的觀點。傑卡布・強生（Jacob Johnson）是舊金山灣區最好的耳鼻喉科醫生之一，對於耳朵、鼻子，與喉嚨的知識非常豐富。但面對複雜的醫療狀況，他會聽取其他領域但有相關知識的專家意見，像是胸肺科醫生、睡眠專家，甚至牙醫與外科醫生。之後他會從一套資訊與意見，轉到下一套資訊與意見，藉以尋求最佳解決方案。

　　在一則個案中，強生醫生接到一位症狀複雜的病人，症狀包括睡眠呼吸中止症。他諮詢多位專科醫生，從胸肺科、睡眠專家、到那些接受最新技術訓練的人員，後來發現睡眠內視鏡檢查，能夠讓他更了解病患的通盤狀況。這個內視鏡檢查是一項非常精密的技術，可以讓他了解病患入睡時，喉嚨是如何閉起來，甚至明白背後的原因。然而後來發現，熟悉這項技術的專科醫生已經轉換跑道。但強生醫生並不氣餒。他也擁有執行檢查的必要技術，同樣重要的是，

他的思考非常靈活，所以他聚集了一組有技術與經驗的團隊，自己執行這項檢查。他將執行手術蒐集到的訊息，與諮詢專科醫生的結果整合起來，讓診斷更為完整，因此最後能夠避免不必要的手術與治療方法。

關於創造力、異見，與腦力激盪的注記

大部分關於創造力的定義，都包含解決方案的原創性與適當性。原創性與想法的獨特性攸關，不過有時它也是原始想法的結合。適當性也很重要，因為不是所有瘋狂想法都能被視為創意。一個有創意的點子，是要能解決問題的。事實證明，共識與異見能直接影響原創性，但方向完全相反。我們在第四堂課談到，共識激發因襲的思考，降低原創性。我們之後將會討論異見如何刺激原創想法的產生。

這個研究採用一項因佛洛依德而風行老方法：字詞聯想。在這項研究裡，我們把字詞聯想的原創性，當做接觸與自己不同的多數意見或少數意見的產物。兩者都與沒有接觸其他意見的控制組比較。提醒你這個流程是：我們讓受測者判斷一系列藍色卡片的顏

色。在其一的情況中，他們不知道其他人對這些卡片的判斷。在第二個情況中，他們得知多數人（80％）認為這些卡片是綠色。在第三個情況中，他們得知少數人（20％）認為這些卡片是綠色。之後，他們會收到字詞聯想的任務。他們要提出七個與「藍色」七個與「綠色」相關的詞彙。

我們在上一堂課發現，當受測者接觸到多數錯誤的判斷（說藍色卡片是綠色），會比沒有接觸任何意見的情況更缺乏原創性。他們被卡在極端常見的字詞聯想中，並且以傳統的方式思考。然而，當他們接觸少數錯誤的判斷（說藍色卡片是綠色），他們的字詞聯想會變得格外有原創性。讓我們看看一些案例：

假設我請你提出與「藍色」相關的詞彙。你會想到什麼？人們通常會從傳統的聯想開始，像是「天空」，然後逐漸出現更原創的聯想，像是「牛仔褲」或「爵士樂」。當要與「綠色」一詞做聯想，他們可能先從「草」等字開始，然後出現更多原創聯想，像是「羨慕」（譯注：美國有green with envy這個諺

語，意即非常嫉妒）或「鈔票」（美鈔）。

　　我們能計算這些字詞聯想的原創性，因為很幸運的是，市面上有關於人們做聯想字測試（包括「綠色」與「藍色」）的資料。我們能計算某個字詞聯想的統計概率。舉例來說，當我說「藍色」時，人們心中第一個想到並說出的很可能是「天空」，很少人會說「牛仔褲」。在這項研究裡，那些接觸少數意見的人，即使少數意見是錯的，聯想結果卻更為獨特。他們的聯想結果比控制組更有原創性，當然也比接觸多數意見的組特別得多。

　　原創性只是創意思考的一個部分。另一個或許更重要的部分則是發散式思考，也就是異見激發的思考方式。事實上，一個對創造力的常見測試，就是衡量發散思考的程度。舉例來說，假設我請你提出幾種磚塊的用途，你提出四種；「造路」「建房子」「建工廠」「建戶外廁所」。但假設你說的是「建房子」「作為門擋」「作為飛彈」「作為盆栽底座」。你仍是給我關於磚頭的四種用途，然而，第一組的四個用法是來自單

一思考模式：可以用磚塊建出來的東西。第二組的四個用法不只是用來建造，還被當做飛彈、門擋與盆栽底座。這些用途的類型差異更大，更發散，回答也更有創意。實際上，這是個關於創造力的測試。

異見能增加創意以及發散式思考，這一事實促使我們重新思考一種產生創意想法的流行技巧，也就是腦力激盪（brainstorming）。研究人員與顧問的建議與一般的做法，往往會反對意見分歧，辯論與對觀點批評。

從1950年代艾力克斯・奧斯本（Alex Osborn）提出腦力激盪法到近期，都有一些關於腦力激盪的規則。這些規則被認為是有利於創意的產生，但大體來說沒有經過檢驗。人們常爭論腦力激盪是否有效，但很少人試圖去檢驗這四項規則。這些規則包括：

（一）著重想法的數量。
（二）以他人想法為基礎。
（三）自由發言。
（四）不批評。

這些規則從直覺看大多有其道理，像是關於「不

要批評別人想法」這項規則。假定情況是，如果有人批評構想，人們就會閉口不言。但我們在美國與法國做的研究，都否定了這一點。

在 2000 年一項關於腦力激盪規則重要性的研究，我們挑戰了「批評與辯論會減少想法生成」這一概念。事實上，我們認為如果允許批評，生成的構想數量反而會增加。我們用困難的方式執行這項研究──在美國與法國兩個國家做。

這研究相當簡單。小組中的人要腦力激盪，想出解決交通壅塞問題的方法。這問題在舊金山與巴黎都很嚴重，所以研究是在這兩地進行，受測者被要求想出愈多解決問題的方法愈好。

在兩個實驗情景下，受測者要遵循四項規則。在控制組，人們不受任何規則限制。兩個實驗組只有一個地方不同：受測者被告知不要互相批評（傳統的規則），或是可以自由辯論甚至批評彼此的想法。在兩個實驗組，另外三個規則維持不變，也就是奧斯本一開始提出的那些規則──自由發言，以他人想法為基礎，著重想法的數量。

大多數研究者會猜，鼓勵辯論或批評會讓生成的

構想比其他情況要少。他們預期相較於沒有規則的控制組，它生成的點子數會少很多。他們也猜「不批評」的規則，會激發最多的構想。它能創造比控制組更多的想法，也必然比鼓勵辯論或批評彼此想法的那組多。事實上，我們發現情況並非如此。允許辯論與批評能激發出比控制組更多、而非更少的點子，而且鼓勵辯論與批評。與告知小組「不要批評」相較，前者能生成更多想法，不論在美國或法國都是一樣的結果。

對腦力激盪感興趣的人，可以好好研究這個議題。請注意，腦力激盪的神聖規則——不要批評別人的想法，現在受到質疑。我們的研究結果讓許多人非常驚訝，部分是因為「不批評」在直覺上很合理而且從未經過檢驗。這也符合普遍的觀點，即和諧是通往團隊創造力的途徑。事實上，研究結果顯示「不批評」的規則可能比允許或鼓勵批評更無效。大眾媒體現今已在考量，如何用批評增加腦力激盪的價值。

批評與異見不同，但兩者都彰顯反對意見對想法創造的價值。這裡的建議是，與其限制自己不去批評或冒犯他人，不如自由的進行腦力激盪。過程中或

許會批評一些構想。但不是刻意要去批評，只是允許批評的聲音。就像對待異見的建議一樣，最好的情況是，允許反對意見出現，但這異見並非刻意而為，如果有發自真心的異見則是再好不過。如同我們在後面第七堂課所見，**異見要發揮益處，真實性是關鍵**。

我們不斷發現異見的價值，就算它是錯誤的，就算我們不喜歡異見者，就算我們對他的立場並不信服。異見打破共識與多數人的箝制，促使我們思考得更獨立。異見也激發開放、發散、靈活與原創的想法。當觀點互相衝突，能帶來許多重要好處，甚至對腦力激盪過程有益。

我相信異見讓我們敞開心扉的部分原因，在於它讓我們質疑自己的立場。當我們面對現實中的不同概念與思維，更能對一個立場進行完整的思考，而非單純捍衛或改變某個立場。實際上我們會尋找並考量更多選項，然後再做決策，這方法的好處特別大。而這也是我們要在下一部分要談的主題。

團體迷思 vs.
一群思想家

行文至此，我們已然明白一個簡單的事實——多數派觀點與少數派觀點，對人的影響有極大的差異。當多數人採取某個意見，我們往往會追隨。我們限縮自己搜尋的資訊，以及解決問題的方式。

另一方面，異見則是拓寬我們想法最有力的方式之一。當我們接觸少數派的意見，我們會從多個角度看問題並尋找資訊——不只是從少數派的觀點，也不只從自己的觀點出發。整體而言，我們能做出更好的判斷，而且更有能力找出新的解決方法。我們甚至能有更獨特的思維。

在第三部，我們會探討共識與異見形成的過程，以及它們對於小組或組織決策過程的影響。在實驗中操控共識與異見，看它們對特定思考模式的影響是一回事（我們在第四與五堂課所做的就是如此），看這些現象體現在實際小組中，又是另一回事。

在第六堂課，我們將了解為什麼共識（尤其當它很早就出現）會防礙討論與決策的品質。問題不只在於所有人從一開始就達成一致的意見，事實上，小組在可信賴與深入研究的氛圍下，往往自然走向共識。這樣的情形有時是受到鼓勵，但大多是從談話間慢慢形成。

話語是如何表達？以及是由誰表達？效果大不相同，但背後有

一定的模式可循。大多數的流程會把小組推向共識或是最初多數的立場，有些人的判斷與決定，會比他原本的立場更極端。

在第七堂課中，我們會討論兩個針對「匆忙達成共識」與「壞決策流程」的解藥：多樣化，以及諸如「魔鬼代言人」的技巧。支持者認為這些「解藥」可以降低共識的壓力，促成更發散的思考。問題在於，它們就像多數權宜之計，往往無法奏效——至少不像它們宣傳般如此簡單。

多樣化有如兩面刃，可以是優勢也可以是阻礙。問題在於，大多數人從類別來思考多樣化，像是性別或種族，然而，事實上是要意見多元才能改善表現。而且不只是意見多元，還要是不同立場的抗衡，才能裨益決策。「魔鬼代言人」則是試著創造「假異見」的眾多技巧之一：故意讓人支持反對立場，讓團隊考量其他選項，並思考自己立場的利與弊。但如同研究顯示，這方法沒有奏效。我們會了解到，這個技巧無法複製真誠異見帶來的正面效果。當異見者真的抱持不同的立場，並願意勇敢提出，才能刺激發散式的思考。

第 ❻ 堂
團體決策：
頻繁出錯，從不懷疑

　　團體常常是以「強行產生共識」的方式運作，這句話是歐文・詹尼斯（Irving Janis）在耶魯大學對「團體迷思」的形容。正如他對一些重大政治錯誤判斷的描述，這種壓力是一些壞決策背後的原因。一項最有名的失敗決策，就是 1961 年，由美國所支持、命運多舛的豬灣入侵事件。長期以來，這個決定都是關於錯誤團體迷思的學術研究之主要內容，至今仍有強大的啟發性，尤其從共識與異見的角度更是如此。這是團體迷思的典型，也是詹尼斯壞決策的示範。

　　「團體迷思」基本的定義就是「強行產生共識」。這個詞在許多地方都被廣泛使用。有人用它來指「群

體心理」或「思考一致」。這是了解為什麼會做出真正壞決策的核心概念，也是詹尼斯關於團隊如何決策的模型核心。就他的說法，團體迷思是一種思維模式，當大家都想尋求認同，就不會去考慮替代的行動方案。

詹尼斯在著作《團體迷思的受害者》（*Victims of Groupthink*）中推廣了這一用詞，他在書中把團體決策模型明確用在一些糟糕的外交決策上。詹尼斯是採取歸納的方法。他藉著深入研究失敗的政治決策，尋找其中的模式與共通性，就像案例研究一般。與測試假設實驗不同的是，他是從這些失敗決策的相似點得出假設。在研究過程中，他開發了一個模型，把他核心概念「團體迷思」的前因、症狀與後果結合起來。

「強行產生共識」的前提包括團體凝聚力、熱愛指揮的領導人、高度壓力以及團體覺得自己的方案很難比領導人偏好的方案更好。之後，團體迷思的各種症狀就會出現，像是對外部團體有刻板印象，產生自己無懈可擊的錯覺，自我審查，產生全體同意的錯覺，以及對異見者施壓。或許最重要的是，這些症狀導致壞決策的肇因：對替代方案與替代目標調查不

足，資訊搜尋不佳，選擇性偏誤，以及未能意識到偏好方案的風險。這些都是我們在前一堂課所稱「收斂式思考」的現象，豬灣事件就是一個好案例。

自1959年菲德爾‧卡斯楚（Fidel Castro）推翻富亨西奧‧巴蒂斯塔（Fulgencio Batista）接管古巴，古巴與美國的關係就十分惡劣，直到20世紀60年代初美國開始動念推翻古巴政權。那些從古巴逃離的人願意為此而戰，於是艾森豪總統在1960年同意一項訓練這些流亡者的計畫，新任總統約翰‧甘迺迪（John F. Kennedy）接下這個計畫。1961年美國政府決定運用中央情報局訓練的古巴流亡者入侵古巴，並在1961年4月17日展開這項行動。

若非入侵的結果非常慘烈，這入侵的記錄恐怕有些滑稽。入侵部隊一接近「立刻遭受猛烈砲火攻擊，古巴的飛機轟炸了入侵者，擊沉了兩艘護航艦，摧毀了流亡者半數的空中支援。」古巴流亡者幾乎是立刻被包圍、捕獲。這事件讓美國政府大為難堪，古巴與蘇聯的關係變得更密切，美國與卡斯楚帶領的古巴關

係也更為緊張，五十多年後，我們才開始嘗試讓兩國關係正常化。

據報導，甘迺迪當時說：「我怎麼能愚蠢到讓他們這麼做？」

很顯然，並不是他的決策小組缺乏智慧，這個小組含括國務卿、國防部長、參謀長聯席會議、中情局局長以及一些知名且值得信賴的哈佛學者。這個小組匯集了菁英中的菁英，然而，愚蠢的決定不一定是由愚蠢的人所做的。

根據團體迷思模式，「強行產生共識」的前提之一，就是高度凝聚但封閉的團體。做出豬灣決策的內閣小組，就是這樣的團體。他們高度凝聚，緊密的團結在一起，在封閉的狀態下共事。另一個前提是一位「熱愛指揮的領導人」，他讓你從一開始就知道自己偏好的選項。在豬灣事件中，甘迺迪總統支持入侵，而每個人都知道這一點。事實上，繼之而來的研究顯示，凝聚力不一定是團體迷思的前提，但有充足證據顯示：**熱愛指揮的領導人攸關重大。當領導人在一開**

始就表明自己的偏好，會加速團體迷思症狀的形成。

在團體迷思的模式中，團體壞決策的共同症狀是合理化與傲慢自大，這一點值得特別注意。團體成員有種無堅不摧的錯覺，相信他們固有的善惡觀，並對外在團體與敵人有刻板印象。這些症狀是加里森‧凱勒（Garrison Keillor）對虛構的沃伯根湖（Wobegon）所做的非反諷版本——沃伯根湖是一個「女人強壯，男人俊俏，所有孩子都在標準之上」的地方。甘迺迪團隊認為自己比對手更大、更強、更聰明，以致於嚴重高估古巴人推翻卡斯楚的意願，並低估了古巴的軍力。豬灣決策的特點是：在資訊搜尋上過於偏頗，對入侵的替代方案考量不足，以致未能察覺入侵的風險。事實上，總統與他的顧問認為行動勢必成功，因此並未研擬合理的應變方案。由於古巴充滿沼澤，規劃一條在沼澤上長達數英里的撤退路線並不合理。

從本書的觀點來看，團體迷思的其他症狀其實更嚴重，這些症狀就是「將異見消音」。方法之一是直接對異見者施壓，另一個方法則是自我審查，兩者都是由自詡為「心靈守衛」（mind guards）的人促成。

總統的弟弟羅伯特・甘迺迪（Robert F. Kennedy，以下稱小甘迺迪）就是這麼一位心靈守衛。他對那些心存懷疑的人施壓。舉例來說，他知道亞瑟・施萊辛格（Arthur Schlesinger）反對入侵計畫，所以他在大型生日宴會上把施萊辛格拉到一邊，問他為什麼不支持入侵計畫。聽完施萊辛格的說法後，小甘迺迪說：「你可能是對的，也可能是錯的。但總統已下定決心，請你不要再堅持立場，現在該是所有人盡全力幫他的時候。」後來施萊辛格很後悔地自責：「我痛苦的譴責自己，竟在內閣會議室的重要討論中保持沉默。」

　　許多人會同意，豬灣入侵的糟糕決策源於「犧牲批判性思考，以促成提振士氣的團體規範」，它增進總統顧問們的共識，而非提供事件全貌，這並不是諸如「共識的壓力」這種單一詞彙所能道盡的。

　　詹尼斯的模型是描述性的，它彰顯了他認為的前提，小組討論中的症狀，以及團體壞決策的構成要素。不過，他的模式也具有預測性。他將這些造成壞

決策的前提理論化。問題在於，關於這模型的研究很少，而那些少數的研究，則對模式顯現好壞參半的結果。然而正如前面所述，研究似乎支持這樣一個概念：一個熱愛指揮的領導者會在一開始就告知大家他的偏好，因而啟動大量造成糟糕決定的決策流程。

即使因果關係未能妥善建立，詹尼斯指出了做出壞決策的核心問題：一個團體強調士氣，而非批判思考。這表現在團體成員認同的準則上，他們透過支持團體來表現忠誠，不論他們是否有所保留。換句話說，問題的核心在於促成共識與壓抑異見的準則。

讀完第二部後你會很清楚，達成共識的壓力以及對異見的壓抑，這些正是造成收斂式思考的原因。收斂式思考只從一個角度，而非多個角度看問題，因此搜尋資訊的範疇非常狹隘。這一點在豬灣決策團隊身上非常明顯。他們糟糕的決策源於偏狹的資訊搜尋，對替代方案考量不足，未能檢視偏好選擇的風險，未能擬定合理的應急計畫——完全就是我們之前討論的收斂式思考模式。

團體所有促成共識與壓抑異見的方法，都會成為問題的一部分。我們想要促成一致的意見，對異見施

壓與自我審查，不是源於團體凝聚力或熱愛指揮的領導人，也不是來自人們對一致意見的單純偏好或是個人動機，反而經常是來自尋常的團隊流程，這些流程就像引人矚目的外交決策一般，充斥在我們每日的生活中。這些常見流程造成團隊視野狹隘、太早出現共識、誇大自身的立場。這對傾向最初偏好、急於做出判斷的團體而言十分常見。更常發生的是，它與收斂式思考同時發生，如我們之後所見，收斂式思考在團體中往往更為嚴重。

團體與共識

整體而言，團體流程壓抑了我們對多元觀點的追尋。當我們與他人互動，就會開始發展出對一項議題的共同觀點。不論我們一開始想法有多不同，後來都會趨於一致。這不只是因為我們想遵循或認同多數觀點，而是團體互動本身有其特定模式，會限制團隊成員考量的訊息範疇。我們希望尋求一致意見，加上尋常的小組流程，造就了糟糕的決策。團體不需要一位愛指揮的領導人，也不需要凝聚力或高度壓力。順著

本性，團體很自然就會往共識的方向前進。

　　團體有許多方法讓我們彼此更相似、意見更一致，更傾向於做出錯誤的團體決策。所有團體的共同點在於，他們不是一開始意見相似，就是會致力創造出一樣的意見。這個趨同現象主要是透過極端化、溝通與資訊集中完成。

群體極端化現象

　　群體極端化現象（Polarization）是一項最有力、在社會心理學領域研究最廣的現象。以下是基本的結論：當人們透露自己偏好的特定方向，並與人討論這項觀點，他們的傾向就會更為極端化或激化。這方向（或偏向一端的觀點），可以是「有罪」或「無罪」的判決，可以是支持或反對一項併購案，可以是喜歡或討厭美國人，也可以是贊成入侵豬灣。

　　數百項研究證明，當一群人基本上同意某個決策方向，在討論過後，就會變得更極端也更有自信。一群有偏見的人會變得更有偏見，一群傾向冒險的人在一起，就會變得更愛冒險，一群謹慎的人在一起，則

會變得更謹慎。

當與一群與我們意見大致相似的人討論議題，一項可以預測且有諸多證明的結果，就是極端化。因為我們會傾向尋找與我們意見相同的人，極端化的事件時常發生。我們可能在程度或某些方面與他們不同，但同樣的力量把我們推往一端。

一開始，這現象是在有關冒險的研究被發現。團體常常變得比成員個人還傾向冒險，這後來被稱為「風險移轉」（risky shift）。一開始，研究人員以為這現象只局限於冒險，但後來他們發現其實情況更為普遍。它在不同的情況都一再出現。關於研究人員如何了解「風險移轉」的歷史很有趣，部分是因為它彰顯了測試與研究結果相反的假設有多麼重要。在測試時，研究人員必須考量的變數可能是「謹慎」，而非「大膽」。

一直以來，人們都以為團體通常會比個人願意冒險。研究的突破來自實驗者注意到某些團體並沒有變得更傾向冒險，事實上，有些團體反而變得更謹慎。一些研究人員沒有把它視為實驗偏差，而是仔細檢視已然存在的資料。他們之後設計出幾項新實驗，揭露

這個普遍現象。在檢視資料時，研究人員發現了一個模式。也就是，當人們傾向冒險時，他們在小組討論後會變得更大膽。當人們一開始偏向謹慎，小組討論會讓他們變得更小心。不論何者，小組討論都讓他們的意見更加極端，比他們最初偏好的立場更偏激。

讓我們談談研究人員發現的受測者態度轉變，在一項研究中，他們問受測者：「一個剛畢業的社會新鮮人應該留在現在穩定但乏味的工作，還是接受一個高薪刺激的新工作？」但這家新公司很可能會經營失敗。受測者在這個議題上傾向冒險，小組討論讓他們更傾向冒險。相反的，另一個實驗描述一個人在機場時突然胃痛，他要看醫生並放棄旅遊計畫，還是冒著狀況惡化的風險搭上這班飛機？在這個情況中，受測者傾向謹慎。在小組討論後，他們變得更為小心。在許多這類的研究裡，小組可能只有三個人，討論可能只有幾分鐘，然而都會導致意見極端化。之後我們會看到，這個現象不只出現在有關冒險的議題中。

我對於這普遍現象的認識，源於二十世紀60年代在法國的研究。受測者是一群有相同傾向的法國高中生：他們親戴高勒（de Gaulle）而且反美。我之所

以記得這一點，是因為研究發表的那年，我正與兩位作者在法國共事，那個時候我們美國人在法國實在不受歡迎。研究發現，討論會讓他們在兩個立場上都更為極端。這些想法類似的高中生，在討論後變得更推崇戴高樂，更厭惡美國人。這個研究提出「團體極端化」（group polarization）一詞來形容這個普遍的現象。

其他研究證實了「想法相似的團體會變得更極端」的傾向，並把分析延伸到其他領域。舉例來說，經過討論後，一群有種族歧視的人，歧視傾向會變得更嚴重，一群沒有種族歧視的人則會變得更平等。

這些研究與發現，也讓我們更加了解二次大戰期間柯特・勒溫（Kurt Lewin）相關研究的重要性。

在戰爭期間，由於缺乏牛肉、羊肉、豬肉等蛋白質來源，民眾被要求改變飲食習慣。人們被鼓勵去吃動物的內臟，像是舌頭、肝臟、胰臟和大腦等。愛荷華大學的社會心理學家勒溫，受邀來幫助人們做出這項改變。

勒溫運用了幾個方法，讓一般家庭至少試試這些蛋白質豐富的食物。他試了幾個不同的授課方式：教導人們關於動物內臟的知識，提供他們食譜，鼓勵他們為戰爭做出改變。他也嘗試另一種方法：組成小規模的團體來討論這項議題，並自行決定是否要嘗試烹調內臟。不論哪種情況，幾乎所有人都表示願意試試看，但只有討論組的參與者真的這麼做。比較起講課的方式，討論模式在改變行為上大獲全勝。跟單純聽課的人相比，討論小組的參與者嘗試內臟的次數高出五倍之多。

　　就算孩子很挑食，媽媽在參與小組討論後，不僅有意運用這些新食材，而且真的這麼做。關鍵的訊息在於，聽課會讓你更有意願去做一些事，但是當小組成員有類似想法，討論之後，會更加強立場，他們也會就這些觀點展開行動。當人們已經偏好某個方向，與有同樣傾向的人討論，會讓傾向更激化。他們會堅持這項態度，實際行為也會出現改變。在勒溫的研究中，討論小組的參與者真的烹調並食用這些被大力推銷的內臟。

有兩個風行的理論試圖要解釋為什麼極端化的情況會發生。其一是「說服性辯論」（persuasive arguments）理論，簡單來說，小組討論中的辯論，對多數人抱持的立場有利。如果我們在某個情況下或多或少都傾向冒險，小組就會支持冒險。討論中，有些論點我們考量過，有些則是新的。這些論點將促使我們堅定自己的立場。最後我們會變得更篤定、更極端，也更自信。

　　另一個理論是「社會比較」（social comparison）理論，它的立論前提是：我們想要得到團隊成員的好評，所以會注意大家的偏好，因此我們會跟其他人比較。一般來說，我們會發現自己跟其他人差不多。因此，我們往多數人希望的方向移動——我們希望比其他人好一點點。舉例來說，如果我們都傾向冒險，每個人都想比其他人更大膽一點。最後出現的畫面，就是所有人都爭先恐後的崇尚冒險。

　　兩個理論之間的爭論，促成了大量的研究，綜合分析顯示，兩種理論各有優點。重要訊息在於，想法類似的人，經過討論，會形成方向相同、但更極端的觀點，而且這是個力量強大且易於複製的現象。

溝通與資訊集中

在豬灣的慘敗事件發生前，很可能曾經出現討論極端化的現象。想法類似、都傾向侵略的人，在討論後變得更篤定、更激進，最終他們決定執行這項行動。另一個極端化出現的原因，在於他們討論議題並做決策時，那些被分享以及不被分享的資訊。

有個曾被大量研究的團體現象是：人們會分享他們共同的資訊，比較不會分享自己獨有的訊息。舉例來說，如果只有一個人或少數幾人掌握特定的資訊，他們比較不會提出來，所以這項資訊比較難成為決策過程的一部分。

我們總認為，團體小組的好處之一，在於它擁有更多資源，比個人擁有更多元的資訊、經驗與知識。但假使有價值的資訊沒有被分享出來，會怎麼樣？假使它沒有被提出，又是如何？一個由蓋若·斯塔瑟（Garold Stasser）與威廉·提圖斯（William Titus）所做的早期研究顯示，團隊經常未能有效匯集資訊，因此團隊掌握的資訊是有偏見的。在會議中被提出來放在桌上討論的，往往是討論前成員本來就有，而且支

持他們目前立場的訊息。

在斯塔瑟與提圖斯的早期研究中，一個三人小組假裝要為學生會選出一個最好的會長。有七項訊息對A候選人有利，有四項訊息對B候選人有利。所以如果小組匯集所有訊息，他們會選擇A候選人。然而小組最終選擇的結果，其實是取決於資訊是如何分配給不同的人。

在一個情況中，每個團隊成員都收到四個有利於B候選人的訊息，但是七個有利於A候選人的訊息，卻是不平均的分配給三個人。在這七個有利於A候選人的訊息，大家只有一則是一樣的，另外六則則是每個人分到不同的兩則。因此每個人都有三則利於A候選人的訊息，但內容不一樣。不過，整個小組擁有對A有利的七則訊息：如果他們匯集所有的資訊，會選擇A候選人。但他們並沒有這麼做，他們沒有分享所有的訊息，結果最後做了錯誤的決定。經過分析，壞決策的肇因在於他們只分享彼此共有的資訊——也就是四則有利於B候選人的訊息。

團隊成員只分享特定資訊可能基於幾個原因。他們可能是想捍衛自己最初的偏好——在這個研究中，

顯然是偏好B候選人，因為每個人都有四則利於B候選人的訊息，而利於A候選人的只有三則，這也可能是統計下的結果。不過很顯然的是，桌上的訊息利於他們有最多共同資訊的候選人。組員提出了所有人共有的訊息，並加以討論。一項研究顯示，共同的支持訊息與其他訊息比，強度大約是三比一。

同樣的情況也發生在一個三人一組的醫療團隊研究，成員包括一位居民，一位實習生，與一位讀了三年醫學系的學生。場景設定在急診室，這三個人要討論如何診斷一位病患。在研究中，病人的會診記錄被加以編輯，因此有些症狀三人都知道，有些症狀則只有其中一人知道。如之前案例情況，如果匯集所有資訊，他們應該能做出最好的決定。

從討論衍生出的診斷顯示，他們只討論三人共同知道的症狀。事實上，他們討論的第一個症狀，幾乎都是所有人知道的症狀——也就是小組共同知道的症狀。他們討論的第二個症狀，有七成機率是共同看到的症狀。這裡的重點是，三人中只有其中一人看到的症狀，這類獨有的資訊很少被拿出來討論。之後的研究顯示，在討論的過程中，獨有的資訊也比較少被反

覆提出來討論。

你可以想像這出現在現實的醫療世界，尤其當所有醫生都專業分工、只精於自己的科別時更是如此。他們跟其他醫生有一些共同知識，但也具備自己的獨有知識。專科醫生（我們姑且大膽稱之為「獨特」的醫生），會與其他醫生討論他的專門訊息。

一個現實生活的情況，彰顯了「共同」知識可以如何限縮考量的範疇，以及獨特的資訊可以如何改變對問題的界定以及解決方案。當一位病患得了遷延性肺炎，她被送到胸肺科醫生那邊做斷層掃描，開給抗生素，通常還會明確跟她說，治療要花時間。在經過四個月持續的肺炎，做了更多次斷層掃描，吃了好幾回抗生素後，胸肺科醫生與其他醫生討論，他們共同的理解是，自己用了正確的方式治療肺炎。其中一人甚至表示不擔心，因為「情況是往正確方向前進」。當被詢問為什麼過了四個月肺炎還是沒好，他再次表示「我不擔心。」其實意思是：不要問我。

幸運的是，她的主治醫生知道她有胃酸逆流的病史，還有大量食管裂孔疝。順道一提，胸肺科醫生也可以得到這些獨特資訊。或許更重要的是，主治醫

生認真看待這個問題：為什麼肺炎持續四個月還沒解決？他將自己擁有的獨特資訊轉給數個專科醫生。當共同資訊與獨特資訊連結在一起後，主治醫生得出結論：肺炎是由胃酸進入病患肺部引起的。這個診斷做出的解決與手術方案，與原先的診斷有極大差異。

　　團體傾向於專注討論他們共有的資訊，是團體能很快達成共識的原因之一，也是為什麼甘迺迪總統與他的顧問，會做出在豬灣入侵古巴的災難性決定。據眾人的說法，團體成員並未分享質疑行動的資訊，或是傾向其他選項的訊息。

　　異見觀點帶來的影響顯而易見。從定義來看，異見就是少數人的意見，它的訊息相對獨特。因為獨特，這項訊息比較難被提出，比較難被重述，也比較難進入決定結果的匯整資訊中。值得牢記的是，施萊辛格並未在豬灣決策中與他人分享自己的獨特資訊或意見。他其實對這行動充滿懷疑，之後也為自己沒有提出來而自責不已。

　　從良好決策的觀點來看，團隊傾向匯集共同訊息，其實增加了錯失重要資訊的機率。現在有許多統稱為「隱藏信息」（hidden profile）的研究，證明了這

個現象。如果一些訊息被隱藏起來，不是每個人都知道，就比較難被提出來溝通或討論。一項對六十五個使用「隱藏信息」研究的綜合分析，得出結論認為比起隱藏訊息的團體，全部人都知道所有資訊的團體，得出正確解決方案的機率是前者的八倍。

這研究最重要的洞見在於，知道資訊如何分配至關重要。在最好的情況下，當團體中的一位成員得知一項訊息，其他成員也都會知道，而且團體是依據總和的知識來運作。畢竟團體一項假定的優勢，在於它有更多元的資訊、能力與觀點。一旦我們了解這個優勢取決於有多少人擁有相同的資訊，以及這些人的背景，我們會再次看到多數派帶來的風險，其中以共識這一點最為顯著。多數人持有的資訊，往往會被過度討論與重述，使得決策完全變調。一項獨特的訊息可以改變全局與最終的決定。不論是在司法、政治或招聘領域，這都會有長期的影響。

我們見識過共識力量的不同形式。當一群人偏向同一個方向，討論後觀點會變得更極端。當人們擁有共同的資訊，他們會傾向在團體內分享這項訊息，因此他們共同了解的訊息，就會被過度強調。在一個

自然的決策情境，我們一再看到的核心問題就是「亟欲達成共識」，豬灣決定就是最好的例子。在那情況下，討論被限縮，而且只利於正在形成共識的觀點。我們認為這過程缺少挑戰，無法提供特別訊息並刺激人們思考其他方案。

從錯誤中學習：甘迺迪與他的內閣

豬灣的拙劣計畫彰顯了壞決策的所有構成要素，但很顯然決策者有記住教訓。沒多久，出現另一個危機時，讓他們有機會應用所學，這就是古巴飛彈危機。甘迺迪這次特別注意，不讓極端化、資訊集中與團體迷思出現。了解到作為「熱愛指揮的領導人」帶來的問題，他這次決定不參與討論。這次他與團隊給了我們一個團體如何做出好決策的案例。

在1962年7月，古巴的卡斯楚與蘇聯的赫魯雪夫達成協議，要把蘇聯的核導彈放在古巴。美國情報人員蒐集了導彈準備工作的資訊並發出警告，但並未受

到注意。之後，就出現了正在建造導彈的照片。甘迺迪總統召集了他的顧問，其中許多是當時參與豬灣決策的熟面孔。當同一批人當顧問，面對同樣的敵人（卡斯楚與古巴），會不會再次做出入侵決議？這個選項確實被討論過。這次的決策過程會有什麼改變？結果顯示，改變很大。

幾位顧問，尤其是參謀長聯席會都支持入侵。他們建議，至少也要發動空襲。但這次與會者不是討論單一計畫，而是採用探索多個選項的新決策方法。舉例來說，有人建議入侵的替代方案，比方利用海上封鎖迫使蘇聯撤除導彈。

據報導，決策過程的其他改變包括甘迺迪請他的弟弟小甘迺迪帶領團隊，對這兩個方案進行徹底的討論。大家開誠布公，沒有人主導會議方向。顧問分成兩組，各撰寫一份支持自己所提方案的報告。之後雙方互換報告並閱讀，而非反對並批評替代方案。之後，這些不同立場的報告才會被提交給總統。

《哈佛商業評論》的撰稿人馬丁・漢森（Martin Hansen）稱這些流程的改變是「記取教訓」。甘迺迪要成員成為「懷疑的通才」（skeptical generalist），他

已經學會不要當「熱愛指揮的領導人」。他有時不參與顧問的開會，不加入所有的討論，也鼓勵提出反對意見。團隊成員也完全依循這些原則，他們確實從豬灣的慘敗學到教訓。

這一次，他們考量了更多選項與風險，對兩個選項有利的論據都被充分提出。最後，甘迺迪經過深思熟慮，終於做出決定——他選擇用封鎖的方式隔離古巴。他寫信給赫魯雪夫，同時也告知美國大眾他的決定與考量。他清楚表示，如果蘇聯對任何國家發射導彈，美國一定會採取報復手段。幸運的是，他總是說話算話，人們相信他的威脅不是虛張聲勢。

面對封鎖措施，赫魯雪夫在 1962 年 10 月 24 與 25 日派出船艦。其中有些掉頭回去，有些被擋下來。據報導，甘迺迪已經做好打仗的準備，但是想用外交手段再試試看。之後，赫魯雪夫展現了真正的政治家風範——他發出訊息，承認萬一發生熱核戰，後果不堪設想。赫魯雪夫建議兩國「把拉扯繩索兩端的力量放鬆」，還有「讓我們設法解開這個結，我們已經準備好了。」

大家都認為，這次古巴飛彈危機的決策流程非常成功。戰爭一觸即發，但卻安然落幕。雖然大部分要歸功於甘迺迪與赫魯雪夫，這次決策的流程也跟上次豬灣截然不同。甘迺迪明白領導過度指揮的風險，因此設下創造不同意見、考量利弊以及參與嚴肅公開辯論的機制。

　　這些機制包括把團體分組，鼓勵分享獨有的訊息。這麼做很可能減少「隱藏」資訊。其他的機制包括鼓勵反對意見，這麼做能幫助團體避免走極端。顧問被鼓勵對各種立場提出反對或支持的意見。整體而言，甘迺迪促成了一種「真誠異見」的文化。他因「結合不屈不撓、嚴謹自制、意志力、勇氣與智慧」受到高度推崇。這是他與團隊最輝煌的時刻。

　　就如我在其他地方所言，企業文化如果擁抱真誠異見，對良好決策與創新有莫大幫助。甘迺迪的智慧顯限於在古巴飛彈危機促成異見的文化，不像在豬灣決策中，選擇控制與共識。

　　這些例子彰顯了重視異見文化的力量與價值。這樣的文化，讓異見更容易被表達出來。否則，在許多情形下，異見者很難發聲。我們只能推測，如果施萊

辛格在豬灣決策過程主動提出他的顧慮，決策可能大不同，從研究看來，這應該是一個更好的方向。只希望未來的領導人，能夠從甘迺迪團隊兩個重要決策的對比中，學到寶貴的教訓。

第 7 堂
更優質的決策：
異見、多樣化與魔鬼代言人

　　基本上，團體比個人擁有更多資源，像是更多訊息、經驗與觀點。然而，當資源沒有充分分享，資訊沒有完全表達，意見沒有全盤提出，團隊運作的效益會遠小於個人的加總。往共識邁進，這對多數派有利，也對團體成員知道與相信的立場有利。然而，這也會造成遽下結論的現象。共識促使個人透過「多數」的稜鏡來檢視資訊與意見，以致沒有認真考量其他方案，或重新評估偏好的選項，結果造成嚴重損失。之後形成錯誤的決策也就不足為奇──如我們所見，這樣的決策甚至會造成致命的結果。

　　許多研究人員與顧問都對如何做出「聰明決策」

提出建議，大多數會強調要「以同樣的熱誠評估風險與益處」以及「提出建設性批評」。許多人都提到坦率與辯論的價值。他們特別指出偏見的問題，並且提到發散式思考的益處。然而，在尋求建議、獲得更多完善訓練，致力尋找更好的決策之後，許多研究人員、從業人員與非專業人員都告訴我們，做出優良決策的真正關鍵，在於多元的意見，以及在沒有真正反對者的狀況下加入異見的技巧。

多樣化的虛假承諾

當多數人提到多樣化，他們指的是人口組成的多樣化，尤其是法律定義的分類，像是種族、性別，與性取向，有時候也會在組織加入年齡或任期的條件。許多人認為多樣化可以解決人口組成同質性的問題——就像甘迺迪政府的橢圓辦公室或其他遍布全國的執行董事會中，全部是中年男性白人團隊在做決策。他們認為，同質性會減損決策品質，而多樣化可以提升品質。不過研究顯示，優良的團體決策遠比這項條件複雜得多。

事實相同，結論卻不同

　　1995年，有一起關於O. J. 辛普森的世紀審判。
O. J. 辛普森是一位名人，也是水牛城比爾隊（Buffalo
Bills）的前跑鋒（running back），他被控謀殺前妻妮
可・辛普森（Nicole Brown Simpson）與她的朋友朗・
高蔓（Ron Goldman）。在刑事審判中，他的謀殺罪
名不成立。但一年後在民事審判中，他被判有罪，要
對兩人的死負責。

　　妮可・辛普森與高蔓是在1994年6月13日遭到
殺害。這是一場殘酷的殺人事件，辛普森有長期家暴
的歷史，兩位謀殺案受害者與辛普森本身，三人的外
型都很有魅力。在審判與媒體報導中，關於種族主義
的爭端甚囂塵上。O. J.辛普森是非裔美國人，妮可・
辛普森與高蔓是白人。O. J.辛普森被控砍刺前妻頸部
多次，一刀甚至深深切斷頸動脈與頸靜脈。

　　這起犯罪發生在布崙特伍德（Brentwood），該
地屬於洛杉磯聖塔摩尼卡區（Santa Monica District）。
辛普森與前妻都住在那一區，他住在廣闊的豪宅，她

住在一個比較簡樸的房子。布崙特伍德是一個高級、大多是白人居住的區域。然而審判卻移到洛杉磯市中心，那裡大多是黑人，收入也比較低。這個決定改變了陪審團的組成。1995年10月3日，在經過九個月作證，4萬5千頁的證據，陪審團討論不到四小時，做出了「無罪」的判決。關心這新聞的人有些歡欣鼓舞，有些則感到絕望。許多人相信，而且至今仍舊相信，辛普森無罪釋放主要是因為他在洛杉磯市中心受審，而非在聖塔摩尼卡受審，這個判決的核心源於種族偏見。

大多數人認為種族在這項判決占有重要地位，不必然是因為徹底的偏見，而是因為陪審員透過種族的有色眼鏡解讀證據。一年半後，陪審員在這起過失致死的民事案件中，檢視同樣的證據，卻做出了不同的裁決，然後執行了不一樣的審判。

這次民事審判是在聖塔摩尼卡舉行，也是兇案發生的地區。在經過三個月的審訊以及十七個小時的討論，判決在1997年4月4日宣布。判決結果是有罪，陪審團要求辛普森支付高蔓家850萬美元的損害賠償，以及給妮可家與高蔓家2500萬美元懲罰性賠

償。辛普森發誓一毛錢也不賠，而且他也確實成功了，因為他搬到佛羅里達州，根據當地法律，他每個月兩萬美元的退休基金可以受到保障。

這兩起審判在許多方面很不同，原本在刑事案件與民事案件要求的舉證責任就不一樣。不過大部分的分析都把焦點放在審訊的地點，其中一處偏好非裔美國人的陪審員，另一處偏好白人。在刑事審判中，十二位陪審員中有九位是黑人，一位是西班牙裔，一位是白人，一位是半原住民半白人。在民事審判中，陪審團包括九位白人、一位亞裔、一位西班牙裔，一位則是黑人與亞洲人混血。在黑人占多數的陪審團，第一次判O. J.辛普森無罪，在第二次審判中，以白人為多數的陪審團則判他有罪。大多數人認為，種族在兩起裁決中扮演重要的角色，白人與黑人都偏袒自己的族裔。

哪個陪審團是對的？或許兩者都沒有經過良好的決策流程。

我們有充分的理由相信，人們偏好那些與自己相

似、屬於同一族群的人。事實上，當人們擁有同一個標籤，就算只是任意貼上的標籤，都足以產生研究者稱為「內團體偏私」（in-group favoritism）的現象——偏好那些與我們有相同點的人。我們偏好團體中的「自己人」勝過「其他人」，就算這種識別只是一個標籤。舉例來說，當人們被帶到實驗室，被隨意分組為「藍色組」與「綠色組」，就算這是人工指派的組，人們還是偏好與自己同組的組員。

在O. J.辛普森審判，結果可能是基於帶有種族意識的直接投票，但更可能是基於類似族裔產生的同情心。陪審員很可能透過共同經驗的有色眼鏡解讀證據，包括認為警察編造證據。

大多數人認為，兩起審判中單一種族占大多數的現象，造成支持或反對O. J.辛普森的偏見。因此，兩個陪審團都錯在有偏見。許多相信「多樣化」是解方的人認為，假若陪審團更多元，在種族上更平衡，討論的偏見就會減少，扭轉種族偏見的現象，決策流程也能被改善。

單一種族占多數的團體，做出來的決策是否容易有偏見和爭議？顯然，人們認定它必然有影響，而這

項認定造成許多後果。邁阿密在1980年發生一起警察殺人事件，四位白人警官槍殺一名黑人保險員亞瑟‧麥克杜飛（Arthur McDuffie）但被判無罪。麥克杜飛闖紅燈並被數位警察追捕。報紙報導，「十幾位警察把他打到昏迷，後來他在醫院過世。」這時陸續出現一些抗議，但當警察被全是白人的陪審團宣判無罪時，黑人社群的情緒完全爆發。根據統計，後來三天的暴動造成18人死亡，350人受傷，以及超過一億美元的損失。

更近期的是2014年8月9日發生在密蘇里弗格森（Ferguson）的事件，當一位年輕黑人麥可‧布朗（Michael Brown）被白人警官戴倫‧威爾森（Darren Wilson）射殺，當地立即出現長達數天的暴動。初步的報告有些矛盾之處，但一些目擊者表示布朗身上沒有武器，而且向警方投降時高舉雙手。之後，不只出現抗議，還發生一些暴動與破壞公物的事件，長達數星期之久。大陪審團立即被召集起來，並在2014年11月24日做出判決。認為該事件「缺乏起訴的價值應該被結案」，大陪審團決定不起訴威爾森，繼之而來是更多抗議與騷亂。

這裡的重點不是這些決策是對或是錯，還是他們是否真的有種族歧視，重點是人們認定有種族歧視，而這樣的認定造成嚴重的後果。當投票結果與族群吻合，人們就會認為有偏見——舉例來說，像在邁阿密，當全是白人的陪審團宣判射殺黑人的白人被告無罪，或是以黑人為主的陪審團判 O. J. 辛普森無罪，但白人為主陪審團判他有罪。如果我們能確保團體或陪審團具備多樣性，結果會有什麼不同？

多樣化或許能改善人們對達成正確決定的看法，但它真的能改善決策流程嗎？它能糾正偏見嗎？那些支持多樣化的人，往往把它視為提供不同觀點的機制，並認定它能糾正偏見。就第一個觀點而言，人口組成多樣化並不能確保觀點的多樣化。事實是，當團體包括男性與女性，不同的人種與族裔，不同教育程度與社經地位的人等，也不能確保能有多元的意見與觀點。

為了解釋這一點，我常常會給學生看布希與歐巴馬內閣的照片。兩個內閣在人口組成分布的很平均：有男士與女士，來自不同的人種與族裔，甚至不同的身高、體重以及某種程度上的年齡。然而我注意到一

件事：他們的服裝樣式與顏色都非常類似。男士都穿著合宜的藍色西裝，只有領帶顏色有一點不同。有一點我幾乎可以保證的是，任何一屆政府的內閣成員在政治傾向與對政策的觀點沒有太大差異。他們是因為忠於總統，以及與總統願景相同被挑選入閣。

另一方面，人口組成相同不必然代表觀點一致。並非所有白人都會判 O. J. 辛普森有罪，也不是所有非裔美國人都會判他無罪，如同並非所有非裔美國人都會起訴白人警官威爾森。不過，大部分的人都相信，種族與判斷的傾向以及審判方向息息相關。假設黑人比白人更相信警方可能編造證據（像是血手套），或是對黑人（O. J. 辛普森）犯罪抱持「合理懷疑」並非牽強附會時，許多人認為多樣化——像是陪審團成員在種族與社經地位方面比較平衡，能增加兩個陪審團的辯論深度，並改善決策流程。這麼做最能確保的是，大眾會認為這樣的判決比較公正，但事實證據並不支持這樣的想法，人口多樣化的事實，並不能帶來更高品質的決策。

由於「類別多樣化」與「意見多樣化」的不同如此重要，研究顯示，人口組成多樣化與團隊績效或決策

之間不一定有直接關連，也就不足為奇。許多團隊成員組成具多樣性，但沒有多樣化的觀點。有些團隊有多樣化觀點，但成員不會主動提出。研究證明了，人口組成多樣化，不一定能改善團體的決策。在某些情況中，多樣化會造成其他影響，甚至有些還是負面的。

研究顯示，人口組成多樣化會降低士氣與凝聚力，這是許多團體不樂見的。它會降低滿意度甚至留任率。因為不斷有證據顯示，相似性能帶來好感、士氣與友誼，人口多樣化等於對這些特點帶來挑戰。它創造「我們／他們」的區別，也讓溝通更困難──至少是更為複雜。

你可能會覺得在某些類別多樣化，比在其他類別多樣化更有利。對團隊績效而言，性別多樣化是否比年齡多樣化更有價值？同樣的，多項研究甚至對研究的綜合分析，顯示出來的結果都是令人失望的。不論是外在顯而易見的特質，或是與工作相關、隱而未顯的特質，這些項目的多樣化都不是必然與團隊表現相關，尤其請注意形容詞「必然」。這並不是說，研究沒有顯示某些類別的多樣化與績效或良好決策有正相關。有些確實顯示正相關，但其他卻顯示負相關或不

相關。在一些特定的案例裡，我們可以看到人口組成多樣化的強大影響，但一般來說，它對決策品質或績效的影響很難論斷。某種程度來說，如果我們期望人口組成多樣化對決策品質或整體士氣有持續正面的影響，期望恐怕會落空。

我認為多樣化對決策有益的關鍵，在於它是否真的在過程中帶進不同的觀點。哥大與史丹佛商學院教授凱瑟林·威廉姆斯（Katherine Williams）與查理斯·歐萊禮（Charles O'Reilly）分別提出這個基本問題，也就是「提高多樣化，是否真的增加有價值的資訊與解決問題的觀點。」單單在人口組成有多樣化，這些好處不會自動產生。正如布希與歐巴馬的多元內閣，不會是「政敵團隊」（team of rivals）。總統不會延攬那些與自己觀點相左的人。事實上，他們找的人正好相反，是一組基於正確人口結構，但基本意識型態相同的人。

尋找多元觀點

一些公司會主動尋求多元的經驗或意見。我採訪

過的幾位高階主管熱切信仰多樣化，但他們的眼光超越人口組成多樣化，他們尋找的是背景或觀點的多元化，或許更重要的是，他們歡迎人們表達不同的見解。以下是幾個例子：

嘉信理財基金會（Charles Schwab Foundation）負責人卡瑞·波梅蘭次（Carrie Schwab-Pomerantz）對女性與低收入族群的理財知識非常感興趣。她滔滔不絕的對我表示，團隊成員擁有不同背景有多麼重要，但更關鍵的是，要具備不一樣的技能與想法。「你不是尋找跟你相似的人。你找的是在某些領域比你強的人，他能提出新的洞見，並填補團隊所知的不足。」這也可以理解，為什麼她最喜歡的書是桃莉絲·古德溫（Doris Kearns Goodwin）的《無敵：林肯不以任何人為敵人，創造了連政敵都同心效力的團隊》（*Team of Rivals: The Political Genius of Abraham Lincoln*）。林肯不怕自己的權力被篡奪，所以為他的內閣尋找最好的人，包括他的主要政敵。

有些公司，像是世界級的創意公司IDEO，就讓

多樣性成為他們的優勢。IDEO找的是具備不同技能與知識的員工，而非顯而易見在性別或族裔上不同的人。在參觀他們聖地牙哥的辦公室時，公司合夥人暨行銷長惠特尼‧莫蒂默（Whitney Mortimer）轉達了IDEO的原則與策略。IDEO的策略是以人為中心，以設計為服務。他們不製造產品，而是幫助我們讓產品更好用。為了做好這件工作，IDEO需要多樣化，但最有用的是技能、知識與背景的多樣化。某些公司會利用技巧，藉由設身處地從消費者的角度設想，得到多元的背景知識與經驗。舉例來說，IDEO可能會讓員工花時間躺在醫院病床上看著天花板，藉以從病患的觀點來思考。Intuit也運用類似的機制，Intuit創辦人史考特‧庫克（Scott Cook）發現，在金融軟體研發上，設身處地從用戶角度來思考，是一項價值非凡的技巧。他的資深行銷副總諾拉‧丹佐（Nora Denzel）也是這麼想。他們都告訴我，緊跟著使用產品的人，或是單單看他們如何使用產品，都能帶來非凡的洞見，Intuit甚至在靠近公司總部的火車月台運用這項技巧。設身處地成為顧客，就能發現人們在使用產品或服務會遇到的問題。它也可以成為新點子的

來源。

在世界品牌與形象設計領導者奧林斯（Wolff Olins）工作的凱瑟林・勒隆（Catherine Lelong）告訴我，公司十分強調員工背景的多元性。除了一些擁有特殊技能的人之外，團隊會刻意由不同背景的人組成。她給了我一個例子，說明同質性會如何導致思想狹隘：如果團隊成員全是工程師，他們可能會把新產品的某一版本稱作C13，因為這是他們第十三次嘗試做出來的。但是，不是工程師的人都知道，這個名字無法吸引任何人購買這項產品。

她的觀點很有道理。舉例來說，蘋果的產品有OS X 10.9、OS X 10.10與OS X 10.12等名字，但同時有特立獨行者（Mavericks），優勝美地（Yosemite）與船長峰（El Capitan）等名字。誰不想當特立獨行者，或是攀上優勝美地的船長峰，即使我們連爬樓梯都有些困難？

一些高階主管意識到背景與觀點多元很重要，但並不知道當不同意見出現後，需要有效的溝通。多

元化能帶來不同的觀點，但它們要被充分表達或是提出來辯論，才能產生價值。不過若要容許這種情況發生，必須先有一個真心擁抱不同觀點的領導人。

這或許也是富蘭克林資源公司（Franklin Resources）總裁暨營運長珍妮佛・強生（Jennifer Johnson）擁有超強執行力的原因。談到尋求不同觀點，她或許是我所知道最心胸開放的人。當她觀察到有團隊成員沉默不語，她會主動詢問他或她的意見。對珍妮佛而言，考量各種層面才能找到通往真理的道路。她面對挑戰的態度，絕不是抗拒或防禦。相反的，她充滿好奇，並將焦點放在目標與「正確無誤」上，她一直記得創建並帶領富蘭克林資源公司的祖父與父親給她的忠告（富蘭克林資源公司是富蘭克林坦伯頓基金的母公司），她告訴我這個忠告是：「以客戶為優先，其他就會水到渠成。」由於家族長期以來熱心公益，她不只歡迎來自金融的觀點，也樂於接受關於倫理與同情心的觀點。

以上例子的重點在於，這些領導人不只了解不同背景帶來的優點，也知道不同想法被充分表達的重要性。他們藉著以身作則，尋找並歡迎人們表達不同的見解。

　　總結來說，如研究顯示，人口組成多樣化與團隊決策及表現的關係，無法畫上等號。當不同意見能被充分表達，觀點與意見的多樣化反而與團隊表現比較有關係。我們必須強調，當不同意見包含少數派觀點、能挑戰主流共識時，特別能讓團隊獲益。

　　證據顯示，如果有人挑戰主流立場或思考模式，其他人更有可能超然獨立的行動——「知己之所知」並主動提出。就如我們在第五堂課所見，其他人在刺激之下會思考得更發散，而這樣的思考往往能帶來更好的決策。

　　一般而言，我們或許希望團隊的組成多元化，我們可能希望成員在年齡、人種、性別、族裔與性傾向有所不同，甚至連教育背景、身高體重、人格特質也不一樣。我們有很充分的理由這麼做，但很少證據能說明這麼做可以改善績效或是決策本身。當不同觀點持續被表達出來，多元的價值才會顯現，因為這麼做

能刺激對當前決策的思考。多種形式的多樣化雖然都可能改善決策，但真正能夠造就良好決策的是——異見。

最佳解方：異見

當《十二怒漢》沒有了方達，就會成為遽下結論、判被告有罪的「十一個怒漢」，而且很可能這裁決用不著幾小時，只要幾分鐘就能達成。任何孤身一人的異見者都很可能投降，至少最後會屈服。在討論的品質上，我們可能會看到流程充滿收斂式思考以及團體迷思。但相反的，電影展現了異見的力量，讓我們看到一個堅持的少數聲音如何改變大局。我們在第三堂課了解到，方達作為異見者，是如何說服別人支持他的立場。不過，如第五堂課彰顯的，異見不只可以說服別人，也可以刺激發散式思考——這種思考對良好決策十分必要。當缺少異見，陪審團的討論往往只是反映收斂式思考，而且很快就下判斷。如第六堂課所述，這樣的思考會導致糟糕的決策。

異見對團體討論質量的價值，在更寫實的情境

下得到研究。舉例來說，密西根大學的林·范達因（Linn Van Dyne）與卡內基美隆大學的理查·薩維德拉（Richard Saavedra）進行一項實地研究，讓四到五人的小組會面長達十週。一些小組裡面有一位經過訓練、能堅持少數意見的人。其他的小組沒有這樣受過訓練的異見者。那些有異見者的小組顯示，成員的思考更為發散，他們會「提出大量替代方案」或「找出每個替代方案的諸多優點與缺點」，提出的報告也始終被外部專家評為更有原創性，而且質量更佳。

一項最具企圖心的實地研究，是在美國醫院觀察異見對策略性決策的價值。研究人員不畏大型實地研究帶來的諸多挑戰，調查了三個州的全部醫院。他們發現證據顯示，當成員公開提出不同的意見，決策的品質會更好。這樣的決策在財務上更為負責，也有助於提高醫院的整體效能。

由凱思林·艾森哈特（Kathleen Eisenhardt）與同事所做關於高階主管團隊的研究，結果也與這些研究一致。他們得到的結論是，決策團隊「大打一架」往往有其價值。這些最佳團隊的策略是：「他們採用更多而非更少的資訊；他們研發出多重的替代方案，讓

討論更豐富；他們在不強行要求共識下解決問題。」

連美國最高法院都對異見的價值提供了證據。人們發現，異見可以增加法院判決的「整合複雜度」（integrative complexity），這個概念與發散式思考很類似，這是一種能看到事件的兩面與權衡取捨的能力。一項針對最高法院判決的研究，就整合複雜度分析了它的書面意見，發現當有異見時，整合複雜度就會增加。當意見一致的團體撰寫法院意見，它的整合複雜度就會特別低。當多數派在面對異見的情況下撰寫法院意見，整合複雜度就會高。在後者的狀況下，法官會意識到替代方案，而且更可能去考量正反兩面，至少在書面的申辯意見是如此。

不論在實驗情境或自然情境下，都有證據顯示，異見可以激發得到更好決策的思維，我們於是想知道，為什麼許多人並不歡迎甚至抗拒異見。我猜原因在於人們想要避免衝突。他們相信或是被說服，認為團隊想要運作順暢，就需要想法相投與凝聚力，而那正好是導致遽下結論的原因。我們常被勸告，如果我們想「贏得朋友、影響他人」最好「見風使舵」。異見必然帶來衝突。它讓人不舒服，激起人們對異見者

的憤怒與厭惡。最重要的是，人們不會稱讚異見者刺激自己的發散式思考。他們確實沒有認知到異見者對大家思考的影響力和重要性。

對許多人，或許是對大多人而言，異見的價值幾乎全在於「它可能是正確的」。有時候異見的觀點是對的，如我們之前所見，有時候多數人會被說服。耶魯大學知名教授傑佛瑞・索南費爾德（Jeffrey Sonnenfeld）講述了一個美敦力（Medtronic）公司異見者的故事，他說服公司董事與前執行長比爾・喬治（Bill George）改變心意，「不退出血管成形術業務，並且強化這些服務……最後獲得豐厚的回報。」對許多人而言，異見觀點可能是正確的，這是他們願意聆聽異見者意見的原因，但這撐不了很久。

很多人沒有意識到，異見激發了多數派成員的發散式思考，就算當它是錯的也一樣。不論異見立場是對或錯，我們都會受它刺激，思考得更發散。

許多人儘管認知到發散式思考的重要性，仍然抗拒把異見作為解決方案。他們想要有一種機制可以複製異見的刺激效果，但沒有異見可能帶來團隊衝突或不悅的缺點。在他們達成發散式思考的技巧清單中，

最重要的是扮演「假裝反對」的魔鬼代言人（devil's advocate）。這種一廂情願的如意算盤，讓魔鬼代言人技巧被大量運用，但效果有待觀察。

有些最近出版的書，像是湯姆·凱利（Tom Kelley）的《決定未來的10種人》（*The Ten Faces of Innovation*）也提倡避免衝突，甚至，他們認為魔鬼代言人的技巧太負面，會扼殺想法。因此他們鼓吹以和諧與角色扮演的方式，達成創意與良好決策。然而，我們認為真正需要的是挑戰與辯論，而這種求知的思維方式必須由真誠的異見所激發。探究這些對立觀點十分有價值，尤其對探究被廣泛應用的魔鬼代言人技巧更是有用。

對錯誤的承諾妥協：使用「魔鬼代言人」的缺點

關於魔鬼代言人的技巧，最早源於羅馬天主教堂在考量聖徒候選人的做法。這不難理解，梵蒂岡不想犯錯，他們不想日後才發現聖徒候選人的行為並不聖潔。因此，在西元1587年，他們開始用這個方法探尋候選人的所有負面行為。擁護者會支持將候選人追封為聖人，但魔鬼代言人反對。舉例來說，他可能會主

張，候選人創造的奇蹟都是假的。

魔鬼代言人是一種選擇機制，用來確保人們不只考慮有利因素，也應該考慮到不利因素。一般來說，這項技巧能減低大多數決策者（包括教皇）對某一候選人的偏愛。不過值得一提的是，魔鬼代言人是一項用在追封聖者過程中的機制，即使不是花上數百年，也要花個數十年才能完成。

在現代使用這項技巧，前提仍舊是它能挑戰共識。魔鬼代言人是詹尼斯在討論如何消除團體迷思時青睞的解方，他更希望的是，這項技巧能激發某種形式的發散式思考，如我們之前所見，發散式思考是伴隨異見而生，而且與良好決策直接相關。一開始大家期待魔鬼代言人跟異見一樣，會鼓勵團隊「以同樣的熱誠評估風險與益處」，但結果不然。

魔鬼代言人一直是研究人員的寵兒，他們一直試著尋找打破團體迷思症狀的解藥，就如詹妮斯在他最初規劃所設想的。在超過四十年的時間裡，這項技巧一直被用來作為幫助團體做出良好決策的方法之一。在大型商學院的高階經理人課程，也時常把它當作價值非凡的技巧來教授，它被視為是個有效的機制，不

過，這又是一個未經檢驗的假設案例。

　　和未受挑戰的團體相比，現在有許多關於魔鬼代言人的研究，為其價值提供了支持。也就是說，相較於沒有反對聲音的團體，它能帶來益處。類似的「技巧辯證探詢法」（dialectical inquiry）也是如此。在辯證探詢法中，人們不只要找出提案的所有缺點，還要提出一個相反的立場。整體而言，這兩種技巧在有效性上沒有確實差異，但總比沒有挑戰好。

　　魔鬼代言人的效用主要是在於，刺激人考量某一立場的缺點，也就是魔鬼代言人提出的缺點。就這意義來說，它就像「考量事情反面」的技巧，這技巧能有效降低判斷的偏見。

　　雖然魔鬼代言人技巧有其價值，它的效用大體而言並未受到檢驗，也沒有拿來與真誠異見帶來的影響做比較。研究人員與作者似乎認為，異見的「溫和版」，像魔鬼代言人或《決定未來的10種人》談到的角色扮演，更能讓人考量異見者的立場。他們似乎沒有認知到，異見的力量可以激發人們對利與弊的深度思考，如我們第五堂課所述。然而，這些技巧與真誠異見之間的差別，遠不僅於此。

1998年我們進行的第一個研究，是把魔鬼代言人技巧與真誠異見做比較。這項研究是源於我個人的信念：人們不會因為善意或睿智，而去認真審視自己的立場。我對魔鬼代言人技巧心存懷疑已有好幾年，在我看來，這是一個刻意為之的方法、任何人都能參與的智力遊戲，不等同於我們對自己相信的事物深思其利與弊。

　　我研究真誠異見的力量已有許多年，親眼見識它激發人們廣泛搜尋資訊、考量更多選擇方案、運用多重策略，讓人思考得更有獨創性。在這些研究中，人們在試著找出真相時質問自己的過程，彰顯了挑戰與勇氣的重要性。在我們開始研究魔鬼代言人之前，我從不認為人們可以用角色扮演的方式提出異見，並且得到同樣的效應。

　　多年來我對這項方法表示懷疑，每當我教授團體迷思並建議解決方案時，總會質疑魔鬼代言人的效用。我總會告訴學生我的想法，但大家認定這項技巧能奏效，至少比完全沒異見來得好。對我而言，魔鬼代言人充其量只是腦力訓練，與我二十五年前研究多數決陪審團中「禮貌與文鄒鄒」（polite and academic）

的對話沒什麼不同。我發現在那裡一旦票數足夠，判決結果可想而知時，討論就會變得禮貌且文鄒鄒。討論不再是最高法院法官期待中充滿辯論的情況。扮演「魔鬼代言人」是參與「禮貌且文鄒鄒對話」的另一個版本嗎？還是它真能複製異見帶來的激發效果，還兼具「氣氛和諧」這項好處？在表達質疑數年後，我進行了第一項研究，當時柏克萊大學有三位研究生表示他們有興趣測試這些主題。

這項研究相當簡單，我們研究的小組各包含四個人。第一個小組，沒有異見者；第二個小組，有個真誠異見者；第三個小組中，有個魔鬼代言人扮演異見者。為了讓所有討論與溝通一致，我們讓各組的四個人坐在一張以隔板分隔的桌子。他們彼此用電腦溝通。他們知道對方存在，但不能直接用言語或動作溝通，所有溝通都是透過我們可以控制的電腦進行。

這些人要討論一起人身傷害案件，並對身體與精神賠償達成協議，因為在案件中以提到醫療成本與損失的工資金額。他們可以以 7 萬 5000 美元為基數，選擇八個方案的任何一個。最低的是 1 到 7 萬 5000 美元，之後是 7 萬 5001 到 15 萬美元，第八個選項是超過

「52萬5000美元」。每個人用鍵盤輸入自己的立場。從案例的預先測試，我們知道他們都會選擇最低賠償金，而他們確實也這麼做。每個人都選擇第一或第二個方案，所有人的金額都是低於15萬美元。

每個人都會看到彼此的論點，但事實上所有論點都是預先設定好的。每個人都在第一輪投票得知有兩個人觀點跟她相同，傾向低補償金。變數就在第三個人B，第一種情況是和她意見一致（沒有異見），第二種情況是採取不同觀點，偏向高額補償金（有異見者）。不過，異見者可能是「真誠的」（也就是說，那是B真實的意見），也可能是B被實驗人員要求扮演魔鬼代言人。不過，兩者的論點完全一樣。

在考量後，所有受測者都列出她對這案件的想法。以下技巧對於記錄個人的想法十分有用，這些想法依數量，以及它們是「內在」（來自個人）或「外在」（將他人評論或案件內容換句話說）加以編碼。它們也就思考的方向編碼，像是這想法是傾向自己的立場，或是考量了議題的兩面。

總括來說，那些面對真誠異見的人，產生最多的內在想法。他們產生了自己的觀點，而不是轉述其他

人的講法或案件資訊。他們真的用腦袋思考。更重要的是他們思考的方向，那些面對真誠異見的人，能均衡思考事件的一體兩面。那些面對魔鬼代言人的人則否。比起面對真誠異見的人，他們傾向支持自己的立場。魔鬼代言人事實上刺激人們捍衛自己的立場，而非刺激人們去思考議題的兩面，而這並非魔鬼代言人主導者所設想或期望的情況。

原本魔鬼代言人的任務是：要人們考量自己偏好方案的優點與缺點。但事實正好相反。那些面對魔鬼代言人的人，似乎更肯定自己是對的。相反的，真誠異見能讓人兼顧某一立場的利與弊。

當我第一次在柏克萊大學「知識與企業」（Know-ledgeand the Firm）論壇提出這一點，哈佛商學院教授桃樂西・倫納德（Dorothy Leonard）對我坦言，她多年來都在高階經理人課程中，鼓吹採用魔鬼代言人技巧。她把我們的發現謹記在心，並立即加入她的授課與著作中。我們的研究顯示，人們有理由對魔鬼代言人技巧抱持謹慎態度，像是它會出現意想不到的負面後果。所幸，商學院的高階經理人教育現在對扮演挑戰者的做法，已經抱持更合理的懷疑。

第二個研究則更進一步。我們想比較真誠異見與魔鬼代言人的影響，不只在想法上，還有他們產生的解決方案。我們還想測試一些與魔鬼代言人不同版本相關的問題。舉例來說，大家是否應該知道魔鬼代言人真正的立場？魔鬼代言人真正的立場與他扮演角色的一致性是否重要？我們特別感興趣的是，當兩者相符——也就是大家都知道魔鬼代言人本身就支持這他被要求代表的立場時，這個技巧能否產生跟真誠異見一樣的效果？大部分人都認為，當情況相符時應會產生異見的效果，但事實不然。

在研究中，我們比較了「真誠異見」與「魔鬼代言人」的三種版本。在第一個版本，魔鬼代言人本身立場不為大眾所知；在第二個版本，大家都知道魔鬼代言人本身的立場，與實驗人員要她代表的相反。換句話說，她與多數人想法相同，但是必須扮演反對方；在第三個版本，大家都知道她的立場與被要求扮演的相同。她確實認同魔鬼代言人的主張。

最有趣的比較，是將第三個版本——魔鬼代言人代表她真正相信的立場，與真誠異見的情況相比較。她在後者以同樣的方法支持同樣的主張，但不是作為

魔鬼代言人。在這兩個情況中，她支持的都是自己一開始就相信的立場，而在場的人都知道。論點完全一樣，因為都是事先寫好的。唯一的不同在於，她是否被要求扮演魔鬼代言人。

每組的四個人要考量八輪的管理議題。每個人都能從自己的電腦螢幕上讀到評論。在「真誠異見」與三個魔鬼代言人的情況中，異見者是該實驗的臨演，輸入的意見是預先寫好的稿子。在所有情況下，他的意見都是一樣的。在考量後，受測者被要求想出關於一個特定管理問題的解決方案，而且愈多愈好。我們將他們提供的解決方案數量與品質，一一做了編碼。

實驗結果在許多方面都令人驚訝。大多數人預期，魔鬼代言人不同的版本會有很大的差異。大多數人認為，魔鬼代言人本身的立場是否為人所知，以及她真正支持的立場與代表的立場是相同或相反，對結果必然會有影響。然而結果顯示，在任何情況下都沒有差別。從受測者提出解決方案的質與量來看，魔鬼代言人的各種版本間沒有顯著的差異。真誠異見是唯一一個，會讓受測者提出更多解決方案。我們綜合質與量之後，他的解決方案也是最有創意的一個。就算

跟魔鬼代言人宣揚自己真正支持、別人也知道的立場比較，真誠異見仍輕而易舉獲得勝利。別忘了，實驗中兩者都相信同樣的立場，而且用同樣的論調支持這一個立場。雖然看似跟真誠異見情況沒兩樣，當要求一個人扮演魔鬼代言人，整體創意解決問題的能力就會降低。

在反覆思量後，我們發現魔鬼代言人這項技巧有其先天局限。**角色扮演無法展現真誠異見者的勇氣與信念**。當一個人是在角色扮演，你無法知道他所說的話是真是假，不知道他的話是不是他所真心所認同的。就算他說的話與他的信念相符，你也知道他是在演戲。由於你意識到他在角色扮演，就會用不同的方式與他互動。畢竟，你無法說服一個做角色扮演的人改變心意。

不論什麼原因，魔鬼代言人都不像真誠異見一般，可以激發不同思考，獲致更好決策與有創意的解決問題的方案。我們再一次看到**真誠表達異見觀點的重要性**。它能刺激發散式思考與創意，這都是角色扮演與「作偽的」異見無法得到的效果。

一些研究人員認同這樣的結論，一些則試圖藉著

擴大辯論的範疇，改善魔鬼代言人的技巧。舉例來說，卡思・桑斯坦（Cass Sunstein）與瑞得・哈斯蒂（Reid Hastie）提出的解決方案，就是魔鬼代言人加強版。在這種稱為「紅隊判研」（red teaming）的方法中，團隊之間要互相競爭，並試著打敗對方。許多其他角色扮演的版本也試著複製異見的好處，但從字面上就知道，他們欠缺了真實性。

唯有當你面對一個深信自我主張、勇於發言，而且毫不動搖的異見者，你才會思考自己的想法到底有沒有錯，至少會開始調查資訊與議題的複雜度。你開始尋找資訊，考慮選擇方案，就如你一開始形成意見一樣。你會了解議題的方方面面，你會同時考量利弊得失，思考多種可能性。你不是在聊天、交朋友，或是做腦力訓練，而是在認真的思考，假扮的異見者無法激發這樣的思考。事實上，這裡提出的早期研究顯示，偽裝的異見會讓人們更加堅信自己最初的立場，而不是刺激人們同時思考利與弊。

作為社會心理學家，我們都過度相信自己的理性與思考獨立性，認為自己能公正、理性的衡量資訊。一般來說，我們認為自己相對不帶偏見，而且透過知

識與善意就能得到真理。但後來你會發現，自己就像其他人一樣，只會選擇有限的資訊，考量有限的選項。你會了解到自己並不完美，而且常常失敗。訓練與教育或許有用，但它們同樣不夠充分。光是學習與善意，無法讓我們免於偏狹思考與拙劣的判斷。**有效的方法是：讓我們的信念與思考模式，受到真正抱持不同信念人的直接挑戰。**

有些公司把這方法謹記在心，並創造一個讓異見能加入決策的流程。對沖基金公司Finchwood Capital就是這樣一家新公司。我正好有機會採訪它的創辦人安克・盧特拉（Ankur Luthra）與資深分析師布蘭登・奈米斯（Brendan Nemeth）。他們對於決策流程就有一番謹慎的深思熟慮。

許多公司認為，聰明人可以想出好辦法。盧特拉與奈米斯卻知道流程的重要性，特別注意用流程消除偏見。他們的流程經過深思熟慮，而且可以不斷複製。擁有工程背景的盧特拉期望，這項流程能被數據驅動。

在激發想法的流程上，Finchwood Capital 有一個主題日，他們會對整個領域（像是網路安全）做討論，然後估量哪些公司可能成為這個領域的贏家與輸家。在研究投資環境與特定股票後，一位主要提案者就會擬出一份考量領域前景的一次性投資報告。

從本書的角度來看，他們的流程有趣之處，就在於提案者要正式指出自己立場的缺點，在名為「預先檢驗」（Pre Mortem）的一章羅列出可能的風險，這一章寫的是公司可能會因為什麼原因投資失利。不過，預先檢驗只是考量不利因素第一步。下一步是要和讀過報告的同事一起為提案辯護，之後才會決定是否要對考慮中的公司進行更深入的研究。在更深入研究的階段，會用到兩份關鍵文件：投資備忘錄與反對備忘錄。反對備忘錄是針對投資的風險，進行更深入的檢視。它是從反對這項投資的觀點寫成。舉例來說，如果 Finchwood 想買 XYZ 股票（多頭），備忘錄就會主張減持這項股票。這不只是一項腦力訓練，也是一項接近真誠異見的機制。在這種情況下，提案者同時也是反對者。他必須列一份深思熟慮而且具說服力的報告，來鼓吹反對的立場。這份報告不能是思考

半小時後寫成的幾段文字，或是關於公司可能因為這項投資虧損的五個要點，而是八到九頁供他人閱讀的、有觀點和立場文件，其他人也要就此文件提出回應，員工討論與辯論都受到高度歡迎。

反對報告與接下來的討論，顯然對Finchwood的成功非常有幫助。他們這部分的流程特別有意思，因為它證明了異見可以促成發散式思考。在盧特拉與奈米斯描述的一個案例，他們考慮投資一家軟體公司。讓我們姑且稱之為ABC。這家公司以有效率的業務與行銷模式，造就營收的快速成長。盧特拉與奈米斯對這項投資都非常樂觀，但基於公司流程，他們寫了反對備忘錄。在備忘錄中，他們羅列了反對投資這家公司的理由。他們的理由包括：市場競爭在過去幾年不激烈，但未來恐會加劇，以及微軟最新發表的產品，可能會占據該類產品主導地位。

盧特拉與奈米斯對買ABC股票很有信心，因為他們做了詳盡調查。他們下載並試用了競爭者產品，包括微軟的產品，並且確信ABC產品更優越，這是個入股的充分理由。然而，反對備忘錄刺激他們思考未來與其他可能。在發現這個線索後，他們決定定期檢視

競爭狀態，並對微軟發布的新產品格外留意。他們現在有個衡量機制，每當發生特定事件，做法就會隨之變化。

事實證明，後來微軟確實發布了一款與其競爭的更新版本，受惠於反對備忘錄激發的思維，Finchwood 對此非常留意。他們下載了微軟的新產品，並加以嚴格的測試，而他們知道其他投資人很少這麼做。他們發現微軟的新版本有了極大改善，在充分討論後，認定目前風險已經超過利益。他們賣掉了 ABC 的股票，避免巨額的損失。其他投資人才開始發現競爭加劇。Finchwood 的優勢在於，它有一項由撰寫與討論異見觀點激發的觀察線索。這個過程與真誠異見不同，但十分接近。

在一項歷史性的轉變中，連羅馬天主教會也開始接受異見，拋棄對魔鬼代言人方法的依賴。當 1983 年通往聖徒的道路被簡化，教會就擺脫了使用魔鬼代言人的傳統做法。有些人擔心這麼做會減少反對意見的空間。然而，教會以一個有趣的變相方法取而代之。

教會邀請了對公認下一位聖人——德蕾莎修女——最激烈的批評者發表意見。德蕾莎修女是羅馬天主教會的修女，在加爾各達的慈善組織工作，作為國際知名人物，她因為幫助印度最窮困的人以及死於愛滋與痲瘋等疾病的人，受到廣大推崇。

這位最激烈的批評者不是別人，而是作家與宗教、文學、社會批評家克里斯多佛·希欽斯（Christopher Hitchens）。希欽斯以批判性風格聞名，他抨擊德蕾莎修女，甚至稱她是騙子。希欽斯被要求與德蕾莎修女辯論，他也大張旗鼓的這麼做。他的批評之一，在於德蕾莎修女想讓他人改信羅馬天主教，希欽斯認為這個行為不夠神聖。

值得稱讚的是，教會放棄了魔鬼代言人技巧，邀請真正持不同意見的異見者提出想法。他們甚至聆聽他的說法。最後教會決定「他的論據無關緊要」。不過，我認為他的批評促使教會對證據做進一步審查，並由此做出更好的決策。

結 論

　　這本書的基本訊息是雙重的。共識雖然讓人舒適、和睦、有效率，但往往讓我們做出拙劣決策。異見雖然擾人，卻正是我們需要的，可以讓我們重新衡量觀點，並做出更好選擇的挑戰。它能協助我們重新考量不同選項，並激發有創意的解決方案。異見能解放我們的思維。

　　所以為什麼我們會懲罰異見者？我們大多數人認為：自己是開放接納不同觀點的。一些人相信，自己歡迎想法受到他人挑戰。然而在實際情況中，我們大部分的人並不喜歡抱持相反立場的人，還會積極去找出他錯誤的原因。我們傾向以負面觀點看待他。認為他是麻煩製造者，浪費大家時間，阻礙人們的目標。我們還很想懲罰他，經常嘲笑與拒絕他。

　　我們常常聽到別人建議要見風使舵。對大部分希望成為群體一份子的人而言，這是一句很有力的建

議。我們希望被接納而且受重視，而且我們知道，如果起身對抗大眾，自己就會被排擠。於是我們保持沉默。有時我們甚至點頭表示同意，還不知道自己為什麼點頭──因為我們選擇不要問自己到底相信什麼。這麼做也有其負面後果。

本書推崇異見不只因為它是真理，而是因為它影響我們思考的方式。不論個人或群體，當我們面對異見，就比較不會遽下結論。我們比較可能去考量一個立場的利弊得失。大體來說，異見幫助我們做出更好的決定，並想出更有創意的解決方案。

當然，異見也是有缺點。異見增加衝突，有時還會降低士氣。它讓我們花更多時間討論選項並加以分析。然而這就是取捨，而這取捨會帶來正面的結果。只要異見是真誠的，它會成為一項機制，促使我們重新檢視立場並尋找更廣泛的資訊。值得注意的是，就算異見本身是錯的，還是能帶來有益的結果。即使這反對意見不正確，也能讓我們更願意學習、成長與改變。

異見和其實這些無關……

　　許多人只要想到「異見」或「異見者」，心中就會浮現一個揮舞雙臂、怒氣沖沖的形象。試著在網路搜尋「異見者」的圖片。會發現有些圖片是早期長髮嬉皮或美國隊長騎著哈雷機車的照片。你會看到這些圖片中的人表情憤怒嚴肅、拳頭高舉。有些人則是列隊走向斷頭台，或是被打得粉身碎骨。漫畫往往把異見者描繪得既脆弱又可笑，在這些圖片中，有許多背景是在職場。舉例來說，一張圖片顯示老闆坐在超大椅子上，面向桌子的一頭，另外三人在桌子兩邊並排而坐。老闆說：「我知道你們只是各陳己見……如果你再這麼做，你就會被炒魷魚。」另一張圖片顯示一個人被關在柵欄中，一位同事說：「如果你直接同意老闆的說法，事情會容易許多。」再另一張圖片，老闆就像毛澤東邀請大家「百花齊放」般地說：「我鼓勵異見，這樣我才能除掉那些反對我的人。」

　　大部分的圖片把異見者描繪成社會的邊緣人，並強調此舉帶來的影響。只有少數幾張圖，是以愛國或甚至勇敢等正面角度來描繪異見者。在一張圖片中，

數百個男人高舉雙手，只有一個人雙臂交疊，圖說寫著，在第三帝國統治期間，一位孤身一人的異見者冒著生命危險，拒絕向希特勒與納粹敬禮。我心中浮現的第一個想法是：「這個人會發生什麼事？」

・與憤怒無關

雖然這些圖片讓人感覺異見者都充滿憤怒，本書談到的研究卻與憤怒無關。本書是關於個人或少數人，表達挑戰多數觀點的意願。異見者或許會激起憤怒，但他們不表達憤怒。他們表達的是意見或觀點。為了讓自己發揮影響力，他們的觀點必須始終如一且毫不動搖。這無疑應該帶著信念，而非憤怒前進。在《十二怒漢》中，亨利・方達從未大聲吼叫或揮舞雙臂，反之，他一貫平靜且堅定地捍衛自己的立場。

・與異見者的背景無關

在團體中人口組成多元有許多原因，但「改善決策」並非原因之一。改善決策有賴於團隊成員抱持並表達不同觀點。一般來說，尋找擁有相關知識與經驗的人是有幫助的，但是他們必須用不同方式來看待手

上的問題。換句話說，他們是潛在的異見者。不過本書基本的訊息，並非多樣化可能會帶來不同意見。我們想要傳達的訊息是，不論團體的人口組成為何，真正的差異都需要被表達出來。藉由這個方式，團體會被刺激思考並檢視手上的替代方案，進而想出創意的解決之道。

雖然有上百個保持沉默的理由，我們仍該挺身而出，表達意見。我們必須了解這個現實：團體討論過程常常會限制個人的影響力。團體討論大家的共同點，而非你我擁有的獨特資訊與觀點。他們會提出論據支持偏好的立場，也就是自己的立場。不過，當有異見者在場，他們比較不會走極端或是很快就做出結論。

‧與爭論無關

要區別爭論與辯論並不容易。我發現《韋氏字典》對「爭論」（argue）下的幾個定義很有趣。這也強調了我想提出的觀點，其中一個定義是「對支持或反對某件事提出理由」，另一個是「用憤怒的語言反對或對抗」。在《羅傑同義詞典》的爭論同義字包括「反

對」「爭執」「對立」與「猛力攻擊」。如果你仔細看人們爭執的照片，會發現他們都是頭前傾，同時嘴張大，互相用手指著對方。你可以了解為什麼有些描繪爭執的圖片中，人們是搗著耳朵，因為沒有人在聽。

在許多政論節目也是如此，來賓通常代表不同觀點，來自不同政黨。當他們打斷彼此的話，反駁對方可能要說的話時，嘴巴都是同時張開的。他們是在爭論，而非討論不同的觀點。

這些不同的圖片，讓我們了解語言是不精確的。異見者的形象更是不同。許多人會立刻想到那些自負、喜歡為爭論而爭論的人他們把異見視為爭執與阻礙。我們在本書則提供不同的形象：有勇氣且堅定，願意熱烈討論，充滿誠實辯論的能量。

・與人為方法無關

異見的價值來自於它對共識或多數觀點的挑戰。它解放我們的想法，讓我們能獨立思考。它刺激我們用新的方式思考，廣泛搜尋訊息與各種可能。它刺激了發散式思考。

許多人認知到發散式思考對良好決策的價值，也

有許多人認同彰顯異見價值的研究。但是他們錯誤解讀異見的價值，把它當成在團體中刻意植入反對立場的工具。他們認為，即使沒有人相信相反的立場，爭論仍有其價值。於是他們運用角色扮演技巧或遊戲，希望能藉此刺激發散式思考。就如我們之前所見，角色扮演並不能激發真誠異見帶來的效果。

人們崇尚類似魔鬼代言人的技巧，還有另一個原因：基本上來說，人們為了凝聚與和諧，可以不惜一切代價。我深知，上個世紀至少有一位受歡迎的大師，他留下的教誨就是要我們與他人「和睦相處」，因為人必須有朋友才能獲得影響力。事實上那就是戴爾・卡內基（Dale Carnegie）《如何贏取友誼與影響他人》（*How to Win Friends and Influence People*）的書名。這是一本歷久不衰的暢銷書，銷售1500萬冊，在初次出版八十年後仍銷售強勁。它最經典的格言是：「我讓你做任何事的唯一方法，就是提供你想要的東西。」這個建議在銷售上很有價值，但請記得，卡內基是一位推銷員，而且他擅長此道。他可以賣給你肥皂、培根或公開演講的課程。他的另一個教誨則是：「與人為善，切勿批評」。

我相信，卡內基這本書巨大且悠久的成功助長了一種觀念，也就是：唯有和諧與互相喜歡，好事才會發生。當你研究傳統與大眾心理時，會發現這種假設深植人心。我相信這也是為什麼人們渴望尋找能刺激發散式思考，同時又能保留凝聚力、好感與和諧的方法。魔鬼代言人技巧似乎符合這些條件，但它是人為刻意的腦力挑戰。

　　多數研究顯示，比起完全沒有挑戰，魔鬼代言人技巧有其價值。然而，如我們研究所示，魔鬼代言人技巧在激發思考的能力與品質上，完全比不上異見。它激發的思維甚至可能與我們期望的相反，讓我們更傾向最初的信念。

　　我還有另一個憂慮，我常擔憂的是：人們自以為考量了某一立場的所有面向，事實上，卻只鞏固了自己最初的立場。這是我們對魔鬼代言人研究的結果。或許我的擔憂是因為多年以來，我看到人們愈來愈自以為是，因為他們認為自己已經考量周全，對於任何挑戰自己立場的言論，都感到不耐煩。

　　對於人為異見的簡單評語是，這個技巧的效果不如真誠異見。更複雜的評語則是：這個技巧可能會帶

來意想不到的負面結果。誤以為自己已經做了通盤的考量，或許比從單一角度思考還糟糕。

異見的重點就在於……

　　本書一半講的是共識的危險，另一半則比較樂觀。我想要讓大家了解，異見有力量，也有價值。所以當我們覺得困擾，想要那些沒有權力或沒有同黨的人閉嘴時，我希望你明白，我們有很多可以向他學習的地方。我們尤其可以從那些與自己想法不同、也不會結交為友的人身上學到最多。我們知道朋友與盟友的想法，他們的想法與我們類似，讓我們過度自信。研究顯示，與他們討論，會使我們想法更極端。當我們的團隊與小組都是想法近似的人，我們的決策不會太好。

　　我希望你記得，異見能帶來兩種好處：它能打破共識的力量，讓我們獨立思考，願意講出真相；同時它也能刺激我們的思維，我們會變得更好奇，想法更發散也更有創意。異見不只是另一種立場的展現，也能激發我們做出更好也更有智慧（但願如此）的思考。

・真誠與堅信

異見有其力量。當有人挑戰大眾，我們大多數人會把焦點放在它的弱點上。這弱點無庸置疑，但當異見者充滿信念、勇氣，並真誠的表達意見時，它的力量也是千真萬確。這個異見之聲很清楚，不是複雜的人為安排。

這想法來自最近我參加的Rise Up歡迎會。Rise Up是一個由社會學家丹尼絲・杜寧（Denise Dunning）創辦的非營利組織，它的使命是提升全世界女孩、年輕人的健康、教育與平等。她達成這些目標的方法，不是建學校或是對一小群女孩演講，而是讓女孩或女性成為改變自己人生與所屬社群的倡議者與變革推動者。目前已經成功推動幾個重要的立法，在歡迎會上的演講者，是一位來自馬拉威的年輕女性，她說的話讓我想起真誠聲音的動人之處，這個真誠的聲音挑戰了長期以來的文化傳統與權力結構。

她的名字是梅默里・班達（Memory Banda）。梅默里身材瘦小，芳齡只有十八，但她的演講卻是我多

年來聽過最震撼的一場。力量不是在於音量或語氣，而是來自她傳達的訊息與真實性。她的目標是終結童婚。

梅默里的姐姐是促使她參與這項運動並影響深遠的因素。依當時的傳統，十歲的年幼女孩必須去訓練營進行性啟蒙。那裡的「訓練」是去學習如何取悅男人，會有一些稱作鬣狗（hyenas）的男人到全國各地進行教授，許多女孩因此懷孕或是感染愛滋病。當梅默里的姐姐梅西（Mercy）在十一歲時懷孕，就被嫁了出去（不過不是嫁給鬣狗）。十六歲時，她已經生了三個小孩。她沒有受過教育，對未來不抱任何希望。

在接觸到「馬拉威女孩賦權網絡」（Malawi Girls Empowerment Network）後，梅默里開始鼓勵村子的女孩挺身而出。她們提供證言強化這個訊息：「我想結婚時，就會結婚。」她們發出了過往不被聽到的聲音，讓人無法忽略童婚普遍存在的事實。梅默里展開她改變童婚法律的奮鬥歷程，五年後，她的夢想成真。

2015年2月，馬拉威將合法結婚年齡從十五提高

到十八歲。由於馬拉威是世界上童婚率最高的國家，女孩才九歲就會被嫁出去，因此這堪稱是一項莫大的成就。梅默里成功的方式，與賴比瑞亞成功的遊說運動類似。她們一開始是說服當地酋長，讓他們相信女孩需要教育，進而用酋長的認同來影響立法者。

梅默里是個叛逆的反抗者。儘管受到社會的強大壓力，她仍拒絕去強制性的訓練營。人們預期女孩都會乖乖聽話，即使痛苦也會保持沉默。但梅默里大聲說「不」。當她的姐姐成為當時法律下的受害者，梅默里開始積極加入一小群女權份子的行列，一同促使法律改變。

就馬拉威童婚的文化與歷史來看，這是一個很大的勝利。她們體現了本書羅列的一些原則，這些女孩展現了堅持一致與不屈不撓的精神。她們充滿信念，沒有玩弄文字遊戲或妥協。她們對抗家庭與社會的壓力，她們取得部落領袖認同，最後，她們挺身出現在立法機關，她們的聲音充滿力量。

‧挺身直言

我們許多人會擔憂自己該說什麼，以及該怎麼說。我們擔心是否冒犯別人，擔心說話的效果，在自利策略與做對的事上考量取捨。儘管這國家有我們珍愛的憲法第一修正案，我們覺得自己沒有隨意發言的權力。不論我們的階級是高或低，來自受歡迎或是不受歡迎的領域，這種壓抑的感覺都揮之不去。我們很難在不分析後果的情況下暢所欲言。

說真話不代表粗魯或無禮，不意味著惡意傷害或詆毀某人。當你有某一立場並深信它是正確的，就應該挺身直言——這也是本書異見者的形象。

我們需要異見者。我很喜歡大學，因為那是一個真正支持反對觀點的論壇。異見觀點能賦予討論能量，並澄清觀點。聆聽異見的觀點，讓我們比較不會住在意識型態的泡沫裡。如我們所見，異見解放我們的大腦，讓我們獨立思考並分享真相。異見鼓勵我們去搜尋，去思考，並在理解中進化。

不論是在大學、公司或在咖啡館聊天，我們都在等待發言。誠實的話語太少，想要得到誠實的對話，就必須保持好奇，擁抱不同於我們的想法。當你抱持

善意而且尊重他人，就不會讓人感覺冒犯。

‧保護不同觀點

本書的核心要旨無疑是：我們樂觀地發現，人們的思考受到異見——尤其是真誠異見的刺激。如之前討論，我們必須釐清異見與多樣化。並不是只要人口組成或意見的多樣化，就能帶來良好決策。重點在於提出挑戰，當人們真誠表達不同的想法，我們的思考與決策就會受惠。

當我們在管理團體或組織時，很重要的一點是，成員不只要具備相關知識與經驗，還要能從不同的角度看議題。不過，我們不能低估團體或組織的文化。我在其他地方寫過關於企業創新文化的主題，在此我必須說，人們在團體內表達異見，最低限度是要感到安全。如果異見受到歡迎，那會更好。這樣的團體有機會成為以協同合作與高度創意聞名的熱門團體。

世界事務協會（World Affairs Council）執行長珍‧威爾斯（Jane Wales）試著實踐這些原則。她的履歷十分驚人，曾擔任吉米‧卡特總統（President Jimmy Carter）的副助理國務卿，柯林頓（Bill Clinton）總統

的特別助理。與她的訪談，是我多年來最具啟發的會談之一。

威爾斯對全球事務擁有豐富經驗與驚人的知識，她也把這些觀點用在實際生活的決策上。她敏銳地意識到，情緒與偏見會以多種形式主宰決策，讓人很難相信它對每個人有利。在描述這些問題時，威爾斯認知到以開放態度面對改變十分重要，但同時她也了解我們從來沒有完全做對過。

她的使命是要將世界事務協會現代化，也就是要把從 1948 年運作至今的模式全面更新。作為執行長，她執行數個策略規劃流程。一個是由資深團隊以及董事會長期成員主導；在另一個流程，她規劃邀請所有員工與董事會新成員參加，目的是確保所有聲音都被聽到。

她想傳達的是：讓我們一次徹底做好。我們不要只修補枝微末節或做漸進式的改變。如果世界事務協會是一家媒體公司，我們要如何規劃它的架構，我們的產品是什麼，我們要用什麼方式傳達到顧客手上？如果我們的目標是建立一個社群，我們要看起來是什麼樣子？如果我們辦的是研討會，我們又會是什麼樣

子？

　　她的訊息清楚而響亮：世界事務協會將有極大的改變。他們將如團隊般運作，並煥然一新。不論需要什麼改變，他們都會去完成。如今，她發現董事會充滿活力，員工都積極參與。過去他們的模式是在演講現場面對面坐得筆直，聆聽觀眾傳達訊息。現在他們運用廣播與網路媒體，爭取更多觀眾參與。不同於演講模式，觀眾在新的模式中出現大量互動並開始分享自己的觀點。威爾斯讓世界事務協會成為一個接納新觀點的地方，這些新觀點不僅不會被排斥，還受到歡迎。

・辯論是好事，而非和諧

　　戴爾・卡內基建議我們與人為善，最重要的是，不要互相批評。如果我們批評對方，就做不成生意。這對於做生意而言或許是正確的，但對想做出良好決策、找出創意解決方案的團體而言並非如此。當我們需要創意，傳達的訊息應該是：我們歡迎各種點子，而且愈新愈好。然而有趣的是，一些顧問卻是只跟著卡內基的說法走。

艾力克斯‧奧斯本也傳達類似的訊息。奧斯本給我們四個腦力激盪的規則，其中之一就是「不要批評」。他認為批評會讓人不想發言，使創意的產量降低。這個概念符合直覺，但就美國與法國兩地諸多研究所證實的：自由批評有助於想法產生，不會帶來阻礙。

我總覺得像是「不要批評」這樣的規則，暗示著人們既軟弱又玻璃心，無法容忍別人批評自己的想法有缺陷，或是別人有更好的點子。這樣的規則也分散了人們對當前議題——產生解決問題想法的注意力。當你擔心自己說的話以及陳述的方法時，就很難暢所欲言。研究顯示，辯論、甚至批評都對腦力激盪有益。

不是玫瑰園，但是有玫瑰

本書的重點不是創造異見，而是允許異見存在，甚至歡迎它出現——如果異見是真誠的。在許多新創企業中，許多大型研究團隊與熱門團隊裡的人，往往充滿不同的想法。如果你回顧自己曾參與過最成功的小組專案，幾乎可以肯定這團隊是充滿活力，充滿相互衝突的想法，以及充滿建立在彼此想法上的熱情。

對話與辯論可以讓人振奮，讓我們學習並且重新思考。

對我而言，最大的問題是壓制異見。套一句哲學家約翰‧密爾的話，當異見被壓制，團隊與組織就會受害。如果異見是正確的，團隊就無法得知真相；如果異見是錯誤的，團體的想法就無法受到刺激。當面對共識，我們的頭腦會開啟自動導航模式；當我們畏於發言，有時會使我們對糟糕決定與違反道德的行為視而不見。

我們在挺身發言前，總會經過合理的考量，不過，擔心說錯話恐怕會對組織帶來大問題。我們可以看到它的影響出現在2012年，壞蛋交易員「倫敦鯨」的醜聞，他因為加倍下注，讓摩根大通銀行（JPMorgan Chase）損失62億美元。但並非只有他一人造成這起醜聞，公司其他交易員也參與其中，其中有些人把交易分成兩本帳，讓損失看起來沒有那麼大。顯然，有許多人對他們懷疑或知道的事三緘其口，畢竟公司的風險管控被打破超過三百次。我們在團體迷思的經典案例——災難性的豬灣決策看到這個情況，施萊辛格反對這個決定，但他保持沉默，之後又責怪自己沒有挺身發言。我們在生活周遭也看過不

挺身發言帶來的影響。當所有人都「摺落去」，我們卻保持沉默，躲在全員從事的勾當背後，既簡單又安全。「隨波逐流」總是比較簡單，沒有人想要成為烈士。

然而，異見帶來的好處也是非常真確。我們看到更多人認真鼓勵甚至擁抱不同的觀點——其中幾位我在前特別強調過。我們看到更多執行長與經理人有足夠的信心，讓異見安穩留在他們的組織中。他們歡迎不同觀點，因為了解異見對個人與商業上的價值。一些最好的創業家都會不斷挑戰自己。舉例來說，Intuit 創始人庫克不斷嘗試打敗自己。伯克利研究集團（Berkeley Research Group）執行長大衛‧替斯（David Teece）也抱持同樣的想法。他從不畏懼挑戰，事實上，還很歡迎挑戰。一些最好的醫生經常徵求其他專科醫生的意見。舉例來說，舊金山的強生（Jacob Johnson）與杜賀曼（Jesse Dohemann）醫生就時常尋求能挑戰或修正他們診斷的建議。

最重要的是……

　　我們無需忙著安撫他人，或是忙著確認自己沒有因為不同的意見冒犯他人，這本書要傳達的訊息就在於：我們應該體認真誠異見的重要性與價值。「異見帶來憤怒與衝突」這個概念只有部分正確，異見與辯論能帶來樂趣，讓討論更有活力。最棒的是，真誠的異見與辯論不只讓我們思考，也讓我們的思考更周全。我們自由地「知己之所知」，做出更好的決定，找出更有創意的解決方案，也更能伸張正義。

　　我要用哲學家艾瑞克·霍弗（Eric Hoffer）的話，讓這本書有個美麗簡潔的結尾：「思想始於不同的意見——不但與他人不同，也與自己原始的想法不同。」

注 釋

前言

1　**1978年聖誕節的前三天：**National Transportation Safety Board (NTSB), "Aircraft Accident Report: United Air Lines, Inc., McDonnell-Douglas DC-8–61, N8082U, Portland, Oregon, December 28, 1978," NTSB-AAR-79–7 (Wash-ington, DC: NTSB, June 7, 1979), www.ntsb.gov/investigations/AccidentReports/Reports/AAR7907.pdf.

2　**有二十三人身受重傷：**同前注, 23.

3　**或許是壓力讓他們沒有注意到：**James A.Easterbrook, "The Effect of Emotion on Cue Utilization and the Organization of Behavior," *Psychological Review* 66, no. 3 (1959): 183–201. See generally Jonathan Fawcett, Evan Risko, and Alan Kingstone, eds., *The Handbook of Attention* (Cambridge, MA: MIT Press, 2015).

4　**「大約還有3000磅燃油，就這麼多了。」：**NTSB, "Aircraft Accident Report," 6.

5　**「大約還有4000磅，喔不！是3000磅燃油。」：**同前注, 7.

6　**「我們第四號引擎剛才失靈。」：**同前注

7　**「為什麼？」機長問：**同前注

8　**「燃油不足，」副駕駛說：**同前注

9　**「波特蘭塔台，聯航173號求救。」：**同前注, 9.

10　**但在失事現場：**同前注

11　**儘管如此，我們知道人們並非總是會追隨真理的：**Charlan Jeanne Nemeth and Joel Wachtler, "Creative Problem Solving as a Result of Majority vs. Minority Influence," *European Journal of Social Psychology* 13, no. 1 (1983): 45–55.

12　**不論是在組織或新創事業：**Dacher Keltner, Deborah Gruenfeld, and Cameron Anderson, "Power, Approach, and Inhibition," *Psychological Review* 110

(2001): 265–284.

13 **這裡呈現的觀點，不同於許多常見的建議與暢銷書籍**：James Charles Collins and Jerry I. Porras, *Built to Last: Successful Habits of Visionary Companies* (New York: HarperCollins, 2002).

14 **「他人的信念與行為」對人帶來的影響**：Elliot Aronson, *The Social Animal* (New York: Macmillan, 2003), 6.

15 **許多人仍認為，少數派能說服成功的希望很渺茫**：Bibb Latané and Sharon Wolf, "The Social Impact of Majorities and Minorities," *Psychological Review* 88, no. 5 (1981): 438.

16 **把廣泛的社會影響力限縮到單單「說服」一項**：Robert B. Cialdini, *Influence: The Psychology of Persuasion* (New York: Morrow, 1993).

17 **多數研究人員眼中的「優良決策過程」**：Irving L. Janis and Leon Mann, *Decision Making: A Psychological Analysis of Conflict, Choice, and Commitment* (New York: Free Press, 1977).

18 **鎚打出頭釘**："Learn Japanese: 30 Japanese Proverbs & Sayings. Part 2," Linguajunkie.com, www.linguajunkie.com/japanese/learn-japanese-proverbs-sayings (accessed December 10, 2016).

19 **「我們必須學習歡迎反對的聲音」**：J. William Fulbright, speech delivered before the US Senate, Washington, DC, March 27, 1964.

20 **「當你發現自己站在多數派的那一邊」**：Mark Twain, *Mark Twain's Notebook* (New York: Harper and Brothers, 1909), 393.

第1堂｜多數派的支配力

1 **1962年的一集**：Allen Funt and Philip G. Zimbardo, "Face the Rear," in *Candid Camera Classics for Teaching Social Psychology* (video) (Boston: McGraw-Hill Films, 1992).

2 **陪審團或許要花數小時或數天才能完成裁決**：Harry Kalven Jr. and Hans Zeisel, *The American Jury* (Boston: Little, Brown, 1966).

3 **我和同事發現，就算多數人是錯的**：Charlan Nemeth and Cynthia Chiles, "Modelling Courage: The Role of Dissent in Fostering Independence," *European Journal of Social Psychology* 18, no. 3 (1988): 275–280.

4 **《群眾的智慧》這類暢銷書，無意間也強化了關於「多數就是真理」的假設**：James Surowiecki, *The Wisdom of Crowds: Why the Many Are Smarter Than the Few and How Collective Wisdom Shapes Business, Economies, Societies, and Nations* (New York: Doubleday, 2004).

5　關於這個現象的經典研究：Solomon E. Asch, "Studies of Independence and Conformity: I. A Minority of One Against a Unanimous Majority," *Psychological Monographs: General and Applied* 70, no. 9 (1956): 1–70.

6　這實驗雖然最初是在半世紀前做的：Rob Bond and Peter B. Smith, "Culture and Conformity: A Meta-Analysis of Studies Using Asch's (1952b, 1956) Line Judgment Task," *Psychological Bulletin* 119, no. 1 (1996): 111–137.

7　追隨大眾錯誤判斷的順從行為，受到數個變因的影響：Aronson, *The Social Animal;* Asch, "Studies of Independence and Conformity."

8　「五千萬個法國佬的意見不會錯」：Fred Fisher, Billy Rose, William Raskin, and Jack Kaufman "Fifty Million Frenchmen Can't Be Wrong" (Orange, NJ: Edison, 1927).

9　許多人聽到日本諺語「槌打出頭釘」都會心有戚戚焉：Roy F. Bau-meister and Brad J. Bushman, *Social Psychology and Human Nature* (Belmont, CA: Thomson Learning, 2008).

10　在阿希的早期研究中：Asch, "Studies of Independence and Conformity."

11　約有一百個研究探討了這個現象：Bond and Smith, "Culture and Con-formity."

12　更重要的是，他們擔心被排斥：Baumeister and Bushman, *Social Psychology.*

13　恐懼或許是人們追隨大眾最強大的原因：David S. Wallace, Rene M. Paulson, Charles G. Lord, and Charles F. Bond Jr., "Which Behaviors Do Att-itudes Predict? Meta-analyzing the Effects of Social Pressure and Perceived Difficulty," *Review of General Psychology* 9, no. 3 (2005): 214–227.

14　當我們有意願相信多數是正確的：Ziva Kunda, "The Case for Motivated Reasoning," *Psychological Bulletin* 108, no. 3 (1990): 480–498.

15　經濟學家的實證研究：Abhijit V. Banerjee, "A Simple Model of Herd Behavior," *Quarterly Journal of Economics* (1992): 797–817.

16　**1995到2000年，那斯達克漲了五倍**："2001 Nasdaq 100 Historical Prices/ Charts," FuturesTradingCharts.com, http://futures.tradingcharts.com/historical /ND/2001/0/continuous.html (accessed November 14, 2015).

17　泡沫不一定代表投資人在投資選擇上不理性：Robert J. Shiller, "How a Bubble Stayed Under the Radar," *New York Times,* March 2, 2008.

18　「信譽計算」：John Maynard Keynes, *The General Theory of Employment, Interest, and Money* (New York: Harcourt, Brace, 1936).

19　將近七成的員工在看到問題時，並不會主動提出：Kathleen D. Ryan and Daniel K. Oestreich, *Driving Fear Out of the Workplace: How to Overcome* the Invisible Barriers to Quality, Productivity, and Innovation (San Francisco: Jossey-Bass, 1991).

20 **我們在消費者行為上，也看到同樣的從眾行為**。：Nan Hu, Ling Liu, and Jie Jennifer Zhang, "Do Online Reviews Affect Product Sales? The Role of Reviewer Characteristics and Temporal Effects," *Information Technology and Management* 9, no. 3 (2008): 201–214.

21 **一些企業充分運用**：Jen-Hung Huang and Yi-Fen Chen, "Herding in Online Product Choice," *Psychology and Marketing* 23, no. 5 (2006): 413–428.

22 **當網站上列的企業獲得普遍好評**：Michael Luca, "Reviews, Reputation, and Revenue: The Case of Yelp.com," Harvard Business School Working Paper 12–016, September 16, 2011.

23 **好書推薦的聖杯**：Alan T. Sorensen, "Bestseller Lists and Product Variety," *Journal of Industrial Economics* 55, no. 4 (2007): 715–738.

24 **「將近75％的房客參與了」**：Noah J. Goldstein, Robert B. Cialdini, and Vladas Griskevicius, "A Room with a Viewpoint: Using Social Norms to Motivate Environmental Conservation in Hotels," *Journal of Consumer Research* 35, no. 3 (2008): 472.

25 **「人們製造汙染，但也能停止汙染。」**："Pollution: Keep America Beautiful—Iron Eyes Cody," *Ad Council,* www.adcouncil.org/Our-Work/The-Classics/Pollution-Keep-America-Beautiful-Iron-Eyes-Cody.

26 **被評為二十世紀百大廣告宣傳之一**："Ad Age Advertising Century: Top 100 Campaigns," *AdvertisingAge,* March 29, 1999, http://adage.com/article/special-report-the-advertising-century/ad-age-advertising-century-top-100-advertising-campaigns/140150/.

27 **這個廣告可能沒有帶來它想要的效果**：Robert B. Cialdini, Linda J. Demaine, Brad J. Sagarin, Daniel W. Barrett, Kelton Rhaods, and Patricia L. Winters, "Managing Social Norms for Persuasive Impact," *Social Influence* 1, no. 1 (2006): 3–15.

28 **許多書籍與文章都談到**：For an overview, see Surowiecki, *The Wisdom of Crowds*.

29 **降低恐懼的一項具體途徑，就是透過匿名的方式**：John C. Turner, *Social Influence* (Bristol, PA: Thomson Brooks/ Cole Publishing Co, 1991); Morton Deutsch and Harold B. Gerard, "A Study of Normative and Informational Social Influences upon Individual Judgment," *Journal of Abnormal and Social Psychology* 51, no. 3 (1955): 629–636.

30 **與電腦互動，而非與人面對面互動**：Shirley S. Ho and Douglas M. McLeod,

"Social-Psychological Influences on Opinion Expression in Face-to-Face and Computer-Mediated Communication," *Communication Research* 35, no. 2 (2008): 190–207.

第2堂｜即使只有一個「異見」，也能讓事情變得不一樣

1　一個方法是透過匿名：Morton Deutsch and Harold B. Gerard, "A Study of Normative and Informational Social Influences upon Individual Judgment," *Journal of Abnormal and Social Psychology* 51, no. 3 (1955): 629–636.

2　一項早年所做的有趣研究：同前注

3　阿希早年的線條長度研究：Solomon E. Asch, "Opinions and Social Pressure," *Scientific American* 193 (1955): 31–35.

4　然而證據顯示，就算他錯了：Vernon L. Allen and John M. Levine, "Social Support, Dissent, and Conformity," *Sociometry* 31, no. 2 (1968): 138–149.

5　同意錯誤多數的比例從**37%**掉到**9%**：同前注

6　我們知道人們害怕成為那個「唯一一人」：Charlan Jeanne Nemeth and Brendan Nemeth-Brown, "Better Than Individuals? The Potential Benefits of Dissent and Diversity for Group Creativity," in *Group Creativity: Innovation Through Collaboration*, edited by Paul Paulus and Bernard Nijstad, 63–84 (Oxford: Oxford University Press, 2003).

7　在一項如今已成為經典的實驗：Stanley Schachter, "Deviation, Rejection, and Communication," *Journal of Abnormal and Social Psychology* 46, no. 2 (1951): 190–207.

8　多數派會試著說服異見者改變立場：同前注

9　我們在一項研究當中，探尋了這個可能：Nemeth and Chiles, "Modelling Courage."

第3堂｜異見：一門改變心意與想法的藝術

10　是成為多數派「關切」的目標：Schachter, "Deviation, Rejection, and Communication."

11　歷經足足兩世紀後才被解禁：Douglas O. Linder, "The Trial of Galileo: A Chronology," *Famous Trials*, http://law2.umkc.edu /faculty/projects/ftrials/galileo/galileochronology.html.

12 他被嘲笑挖苦，被禁止在大學中演講：Ernest Jones, *The Life and Work of Sigmund Freud* (New York: Basic Books, 1961), 299.

13 有人認為他是古柯鹼上癮，才會發出此番理論：E. M. Thornton, *Freud and Cocaine: The Freudian Fallacy* (London: Blond & Briggs, 1983).

14 像是無意識、壓抑的概念：John F. Kilhstrom, "Is Freud Still Alive? No, Not Really," in *Hilgard's Introduction to Psychology,* 13th ed., edited by Rita L. Atkinson, Richard C. Atkinson, Edward E. Smith, Daryl J. Bem, and Susan Nolen-Hoeksema (New York: Harcourt Brace Jovanovich, 1999).

15 想想傑弗瑞・韋甘得：*The Insider,* directed by Michael Mann (Burbank, CA: Touchstone Pictures, 1999).

16 《衛報》記者格倫・格林沃爾德：Glenn Greenwald, "NSA Collecting Phone Records of Millions of Verizon Customers Daily," *Guardian,* June 6, 2013.

17 在一個名為「稜鏡」的專案中，美國國安局以七年的時間，使用資料探勘技術：Glenn Greenwald and Ewen MacAskill, "NSA Prism Program Taps in to User Data of Apple, Google, and Others," *The Guardian*, June 7, 2013.

18 在安全與隱私間取得平衡："Edward Snowden: Timeline," *BBC News,* August 20, 2013, www.bbc.co.uk/news/world-us-canada-23768248; Andrew Serwin, "Striking the Balance—Privacy versus Security and the New White House Report," Privacy Advisor, December 19, 2013; https://iapp.org/news/a/striking-the-balanceprivacy-versus-security-and-the-new-white-house-report/

19 《衛報》公布這個人就是史諾登：Alana Horowitz, "Booz Allen Hamilton: Edward Snowden News 'Shocking,' 'A Grave Violation,'" *Huffington Post,* June 10, 2013, www.huffingtonpost.com/2013/06/09/booz-allen-hamilton-edward-snowden-nsa_n_3412609.html.

20 「史諾登先生以隱私的名義揭露了真相。」：Phil Black, Matt Smith, and Catherine E. Shoichet, "Snowden on the Run, Seeks Asylum in Ecuador," *CNN*, June 24, 2013, www.cnn.com/2013/06/23/politics/nsa-leaks/.

21 史諾登「無意隱藏」：Ashley Fantz, "NSA Leaker Ignites Global Debate: Hero or Traitor?" *CNN,* June 10, 2013, www.cnn.com/2013/06/10/us/snowden-leaker-reaction/.

22 「美國國安局建立了一個架構」：Ewen MacAskill, "Edward Snowden, NSA Files Source: 'If They Want to Get You, in Time They Will,'" *The Guardian,* June 10, 2013.

23 站在英雄陣營的人，認為史諾登是有勇氣做正確的事的人：Hadas Gold, "Daniel Ellsberg Thanks Edward Snowden," *Politico,* June 10, 2013, www.politico.com/story/2013/06/daniel-ellsberg-edward-snowden-nsa-leak-92478.

html.

24 **他被冠上不同的形容詞，像是「傲慢」**：David Auerbach, "I Would Have Hired Edward Snowden," *Slate,* June 18, 2013, www.slate.com/articles/technology/technology/2013/06/i_would_have_hired_nsa_whistleblower_edward_snowden.html; David Brooks, "The Solitary Leaker," *New York Times*, June 10, 2013; Eric Niiler, "The Bean-Spillers: Why Do They Leak?" *Seeker,* June 10, 2013, www.seeker.com/the-bean-spillers-why-do-they-leak-1767586613.html.

25 **「不可思議的妄尊自大」**：Ralph Peters, "Making Treason Cool," *New York Post,* June 11, 2013.

26 **他現在沒有旅行文件**："US Officials Fume over Russia Granting Asylum to Snowden," *Fox News,* August 1, 2013, www.foxnews.com/politics/2013/08/01/snowden-reportedly-leaves-moscow-airport-enters-russia-on-refugee-status/.

27 **國家一個接一個**：Michael Pearson, Matt Smith, and Jethro Mullen, "Snowden's Asylum Options Dwindle," *CNN*, July 2, 2013, www.cnn.com/2013/07/02/politics/nsa-leak/.

28 **最後，俄羅斯總統普丁**：Ilya Arkhipov and Olga Tanas, "Putin Shows Global Mojo to Russians as US Fumes over Snowden," *Bloomberg,* August 1, 2013, available to subscribers at: www.bloomberg.com/news/2013-08-01/putin-shows-global-mojo-to-russians-as-u-s-fumes-over-snowden.html.

29 **這個事件的反應不僅擴及全世界**：Brian Stelter, "NSA: The Story of the Summer" (interview with Glenn Greenwald), CNN: *Reliable Sources,* September 1, 2013, www.cnn.com/videos/bestoftv/2013/09/01/rs-nsa-the-story-of-the-summer.cnn.

30 **聯邦上訴法院判決**：Devlin Barrett and Damian Paletta, "NSA Phone Program Is Illegal, Appeals Court Rules," *Wall Street Journal,* May 7, 2015.

31 **「沒有根據的政府監視計畫」**：Jim Stavridis and Dave Weinstein, "Apple vs. FBI Is Not About Privacy vs. Security—It's About How to Achieve Both," *Huffington Post,* March 8, 2016, www.huffingtonpost.com/admiral-jim-stavridis-ret/apple-fbi-privacy-security_b_9404314.html.

32 **第一個關於異見者說服他人贊同自己觀點的實驗性研究**：Serge Moscovici, E. Lage, and M. Naffrechoux, "Influence of a Consistent Minority on the Responses of a Majority in a Color Perception Task," *Sociometry* 32, no. 4 (1969): 365–380.

33 **後續研究還是持續出現同樣的結果**：Charlan J. Nemeth, "Minority Influence

Theory," in *Handbook of Theories of Social Psychology*, vol. 2, edited by Paul A. M. Van Lange, Arie W. Kruglanski, and E. Tory Higgins (Thousand Oaks, CA: Sage Publications, 2011), 362–378.

34 若缺乏一致性，少數的聲音就會沒有說服力：Miles Hewstone and Robin Martin, "Minority Influence: From Groups to Attitudes and Back Again," in *Minority Influence and Innovation: Antecedents, Processes, and Consequences,* edited by Robin Martin and Miles Hewstone (New York: Psychology Press, 2010), 365–394.

35 只有不到5%的判決結果是傾向第一輪投票的少數派立場：Kalven and Zeisel, *The American Jury.*

36 在我們模擬陪審團審議的實驗性研究：Charlan Nemeth, "Interactions Between Jurors as a Function of Majority vs. Unanimity Decision Rules," *Journal of Applied Social Psychology* 7, no. 1 (1977): 38–56.

37 比起在公開場合，異見者在私下場合更能改變其他人：Martin and Hewstone, *Minority Influence and Innovation.*

38 當成員私下評論這個案子：Charlan Nemeth and Joel Wachtler, "Creating Perceptions of Consistency and Confidence: A Necessary Condition for Minority Influence," *Sociometry* 37 (1974): 529–540.

39 異見者在闡明他的立場上可以更有技巧：Charlan Nemeth, Mark Swedlund, and Barbara Kanki, "Patterning of the Minority's Responses and Their Influence on the Majority," *European Journal of Social Psychology* 4 (1974): 53–64.

40 許多人建議他採取折衷方案：Helen W. Puner, *Sigmund Freud: His Life and Mind* (New Brunswick, NJ: Transac-tion Publishers, 1992).

41 但是，為什麼有大量研究支持以下這個常見的建議：Seungwoo Kwon and Laurie R. Weingart, "Unilateral Concessions from the Other Party: Concession Behavior, Attributions, and Negotiation Judgments," *Journal of Applied Psychology* 89, no. 2 (2004): 263.

42 也有許多研究認為它是對的：Martin and Hewstone, *Minority Influence and Innovation*; Nemeth, "Minority Influence Theory."

43 你可能會認為，為自己的信仰而戰是天經地義：Jeffrey Z. Rubin and Bert R. Brown, *The Social Psychology of Bargaining and Negotiation* (New York: Academic Press, 1975).

44 談判研究認為：Rubin and Brown, *Bargaining and Negotiation*; Leigh Thompson, *The Truth About Negotiations* (Upper Saddle River, NJ: Pearson Education, 2013).

45　其他研究：Gabriel Mugny and Stamos Papastamou, *The Power of Minorities* (London: Academic Press, 1982).

46　其中某一個人採取少數的立場：Charlan Nemeth and Alice G. Brilmayer, "Negotiation Versus Influence," *European Journal of Social Psychology* 17, no. 1 (1987): 45–56.

47　異見者有「隱藏的」影響力：Gabriel Mugny and Juan A. Perez, *The Social Psychology of Minority Influence* (Cambridge: Cambridge University Press, 1991); John M. Levine and Radmila Prislin, "Majority and Minority Influence," in *Group Processes,* edited by John M. Levine (New York: Routledge, 2013), 135–164; William D. Crano, *The Rules of Influence: Winning When You're in the Minority* (New York: St. Martin's Press, 2012).

48　我們在許多研究中，看到這樣的行為模式：Nemeth, "Minority Influence Theory."

49　它需要花點時間與技巧：Gabriel Mugny and Stamos Papastamou, "When Rigidity Does Not Fail: Individualization and Psychologization as Resistances to the Diffusion of Minority Innovations," *European Journal of Social Psychology* (1980): 10, 43–61.

50　對異見者而言，精心設計的言語至關重要：For further reviews, see Hewstone and Martin, "Minority Influence"; Mugny and Perez, *The Social Psychology of Minority Influence*.

51　精心設計的說服要素：*Twelve Angry Men*, directed by Sidney Lumet (Beverly Hills, CA: MGM Studios, 1957).

52　史諾登就像做「公共服務」：Eyder Peralta, "Former AG Holder Says Edward Snowden's Leak Was a 'Public Service,'" NPR, May 31, 2016, www.npr.org/sections/thetwo-way/2016/05/31/480179898/former-ag-holder-says-edward-snowdens-leak-was-a-public-service.

第4堂｜共識窄化思考，扼殺理性

1　我們選擇與解釋資訊的方法充滿偏見：Dieter Frey, "Recent Research on Selective Exposure to Information," *Advances in Experimental Social Psychology* 19 (1986): 41–80.

2　1978年11月19日，許多人一醒來就聽到這則新聞：Jennifer Rosenberg, "The Jonestown Massacre," *ThoughtCo*, February 6, 2017, http://history1900s.about.com/od/1970s/p/jonestown.htm.

3　證據顯示，這群人是集體自殺：Rick Paulas, "The Unanswerable Questions of Jonestown," *Pacific Standard,* October 20, 2015, www.psmag.com/politics-and-law/the-unanswerable-questions-of-jonestown.

4　**舉例來說，若孩子抗拒或是反對，就會被公開毆打**：Jeannie Mills, *Six Years with God: Life Inside Rev. Jim Jones's Peoples Temple* New York: A&W Publishers (1979).

5　**瓊斯理想中的境界**：Catherine B. Abbott, "Selling Jonestown: Religion, Socialism, and Revolutionary Suicide in Peoples Temple," *Alternative Considerations of Jonestown & Peoples Temple,* August 19, 2014, http://jonestown.sdsu.edu/?page_id=30863.

6　**他代表加州第十一選區**：Justin Peters, "The Forgotten, Non-Kool-Aid-Drinking Victims of the Jonestown Massacre," Slate, November 18, 2013, www.slate.com/blogs/crime/2013/11/18/leo_ryan_jonestown_the_forgotten_non_kool_aid_drinking_victims_of_the_jonestown.html.

7　**當他們來到這個小鎮**：同前注

8　**有人傳了一張字條**：Staff Investigative Group, *The Assassination of Representative Leo J. Ryan and the Jonestown, Guyana Tragedy: Report of a Staff Investigative Group to the Committee on Foreign Affairs, US House of Representatives,* 96th Cong., 1st sess., House Document 96–223, May 15, 1979, 4, http://jonestown.sdsu.edu/?page_id=13674.

9　**他是子彈擊中頭部致死**："Guyana Inquest—Interview of Odell Rhodes," *Alternative Considerations of Jonestown & Peoples Temple,* http://jonestown.sdsu.edu/wp-content/uploads/2013/10/GuyanaInquest.pdf.

10　**就如約翰・密爾所見**：Charlan Jeanne Nemeth, "Dissent, Group Process, and Creativity: The Contribution of Minority Influence," in *Advances in Group Processes*, vol. 2, edited by Edward Lawler, 57–75 (Greenwich, CT: JAI Press, 1985), 57–75.

11　**類似邪教的各類組織，之所以能孕育共識，也自有其原因**：Collins and Porras, *Built to* Last.

12　**在諸如山達基教，也有類似的故事**：Lawrence Wright, *Going Clear: Scientology, Hollywood, and the Prison of Belief* (New York: Vintage Books, 2013).

13　**當房間裡的所有人都在大笑**：Robert R. Provine, "Contagious Laughter: Laughter Is a Sufficient Stimulus for Laughs and Smiles," *Bulletin of the Psychonomic Society* (1992): 30, 1–4.

14　**我們在柏克萊大學所做的研究**：Charlan J. Nemeth and John Rogers, "Dissent and the Search for Information," *British Journal of Social Psycho-*

logy 35, no. 1 (1996): 67–76.

15　這次的任務是關於英文字謎重組的解決方案：Charlan J. Nemeth and Julianne L. Kwan, "Minority Influence, Divergent Thinking, and Detection of Correct Solutions," *Journal of Applied Social Psychology* 17, no. 9 (1987): 788–799.

16　下列這個研究說明了，人們會傾向不去看其他的解決方案。：Charlan J. Nemeth and Joel Wachtler, "Creative Problem Solving as a Result of Majority vs. Minority Influence," *European Journal of Social Psychology* 13, no. 1 (1983): 45–55.

17　這或許也是悲劇發生的原因之一：NTSB, "Aircraft Accident Report."

18　他們墜落在波特蘭近郊，距離機場東／東南方只有六海里：同前注

19　總結來說，國家運輸安全委員會觀察到機長：同前注, 1.

20　這個機艙內集體膽怯的情況："The only thing necessary for the triumph of evil is for good men to do nothing" is often attributed to Edmund Burke, who said something along these lines in his essay "Thoughts on the Cause of the Present Discontents."

21　國家運輸安全委員會發現，機組人員可能是依循機長的思路：NTSB, "Aircraft Accident Report," 27.

22　國家運輸安全委員會偏好的解決方案：同前注, 30.

23　它在對抗偏見上，不是那麼有效：Daniel Kahneman, *Thinking, Fast and Slow* (New York: Macmillan, 2011).

24　在另一項研究中，我們探討原創想法是否為接觸大眾意見後的產物：Charlan J. Nemeth and Julianne L. Kwan, "Originality of Word Associations as a Function of Majority vs. Minority Influence," *Social Psychology Quarterly* 48, no. 3 (1985): 277–282.

25　在一項測試共識導向思考優勢的研究中：Charlan Nemeth, Kathleen Mosier, and Cyntia Chiles, "When Convergent Thought Improves Performance: Majority vs. Minority Influence," *Personality and Social Psychology Bulletin* 18 (1992): 139–144.

26　它叫做「史楚普測試」：J. Ridley Stroop, "Studies of Interference in Serial Verbal Reactions," *Journal of Experimental Psychology* 18 (1935): 643–662.

27　多數人判斷的焦點不盡相同：Nemeth, Mosier, and Chiles, "When Convergent Thought Improves Performance."

第5堂 | 異見強化思考並讓想法更多元

1　**解決之道已然非常明顯**：Asch, "Opinions and Social Pressure."

2　**比起沒有盟友，受測者的從眾情況少了三分之一**：Vernon L. Allen and John M. Levine, "Social Support and Conformity: The Role of Independent Assessment of Reality," *Journal of Experimental Social Psychology* 7, no. 1 (1971): 48–58.

3　**不是所有美國的陪審團都必須達成一致的意見**：Apodaca v. Oregon, 406 US 404 (1972); Johnson v. Louisiana, 406 US 356 (1972).

4　**我在維吉尼亞大學教書時**：In fact, I had decided against becoming an attorney, since I was female and women didn't practice before the bar in those days. They generally did research for a male lawyer.

5　**我與四個最優秀的大學生一起**：Edward Hodge, Patrick Huyghe, David Doggett, and John Sullivan.

6　**但真正的洞見，其實來自重複收看這些錄影帶**：Charlan Nemeth, "Rules Governing Jury Deliberations: A Consideration of Recent Changes," in *Psychology and the Law: Research Frontiers,* edited by Gordon Bermant, Charlan Nemeth, and Neil Vidmar (Lexington, MA: D. C. Heath & Co./ Lexington Books, 1976); Nemeth, "Interactions Between Jurors."

7　**這項洞察在我心中生了根**：Much credit is due to two graduate students, Jeff Endicott and Joel Wachtler, who came with me from Chicago to Virginia. The discussions and research with them made an important contribution.

8　**我們偏好那些符合自己理念的資訊**：Leon Festinger, *A Theory of Cognitive Dissonance* (Row, Peterson and Co., 1957); William Hart, Dolores Albarracín, Alice H. Eagly, Inge Brechan, Matthew J. Lindberg, and Lisa Merrill, "Feeling Validated Versus Being Correct: A Meta-Analysis of Selective Exposure to Information," *Psychological Bulletin* 135, no. 4 (2009): 555–588.

9　**大學生收到一個調查結果**：Nemeth and Rogers, "Dissent and the Search for Information."

10　**在一個研究中，受測者需要回想訊息**：Charlan Nemeth, Ofra Mayseless, Jeffrey Sherman, and Yvonne Brown, "Exposure to Dissent and Recall of Information," *Journal of Personality and Social Psychology* 58, no. 3 (1990): 429–437.

11　**這很像關於說服的研究**：Nemeth and Brilmayer, "Negotiation Versus Influence."

12　**為「異見刺激人們注意更多元資訊」提供進一步證據**：Nemeth and

Wachtler, "Creative Problem Solving."

13　**想想我們簡單談過的研究**：Nemeth and Kwan, "Minority Influence, Divergent Thinking."

14　**當他釋出機密文件**：Greenwald, "NSA Collecting Phone Records of Millions."

15　**可以看到一些證據，證明他改變大眾的看法**：Barrett and Paletta, "NSA Phone Program Is Illegal."

16　**歐巴馬總統曾經為監聽系統大力辯護**：Steven Nelson, "Senate Passes Freedom Act, Ending Patriot Act Provision Lapse," *U.S. News & World Report*, June 2, 2015.

17　**丘奇委員會就警告我們**：Cindy Cohn and Trevor Timm, "In Response to the NSA, We Need a New Church Committee and We Need It Now," *Electronic Frontier Foundation*, June 7, 2013, www.eff.org/deeplinks/2013/06/response-nsa-we-need-new-church-commission-and-we-need-it-now.

18　**在史諾登洩密案後，我去**：*Terms and Conditions May Apply* (documentary), directed by Cullen Hoback (Los Angeles: Hyrax Films, 2013).

19　**在運用史楚普測試的研究中**：Nemeth, Mosier, and Chiles, "When Convergent Thought Improves Performance."

20　**在一個不同但相關的研究中**：Randall S. Peterson and Charlan J. Nemeth, "Focus Versus Flexibility: Majority and Minority Influence Can Both Improve Performance," *Personality and Social Psychology Bulletin* 22, no. 1 (1996): 14–23.

21　**他們的表現比其他幾組都好得多**：同前注

22　**這個研究採用一項老方法**：Nemeth and Kwan, "Originality of Word Associations."

23　**我們能計算這些字詞聯想的原創性**：Leo Postman and Geoffrey Keppel, *Norms of Word Association* (New York: Academic Press, 1970).

24　**從艾力克斯‧奧斯本提出腦力激盪法**：Alex F. Osborn, *Applied Imagination: Principles and Procedures of Creative Thinking* (New York: Scribner, 1958).

25　**人們常爭論腦力激盪是否有效**：Donald W. Taylor, Paul C. Berry, and Clifford H. Block, "Does Group Partic-ipation When Using Brainstorming Facilitate or Inhibit Creative Thinking?" *Administrative Science Quarterly* 6 (1958): 22–47. For thoughtful reviews and discussion, see Paul B. Paulus and Vincent R. Brown, "Enhancing Ideational Creativity in Groups: Lessons Learned from Research on Brainstorming," in *Group Creativity: Innovation Through Collaboration*, edited by Paul B. Paulus and Bernard A. Nijstad

(New York: Oxford University Press, 2003), 110–136; Scott G. Isaksen, "A Review of Brainstorming Research: Six Critical Issues for Inquiry," Monograph 303 (Buffalo, NY: Creative Problem Solving Group, Creative Research Unit, June 1998).

26　**我們用困難的方式執行這項研究：**Charlan J. Nemeth et al., "The Liberating Role of Conflict in Group Creativity: A Study in Two Countries," *European Journal of Social Psychology* 34, no. 4 (2004): 365–374.

27　**有個研究深入探討這議題：**Vincent Brown and Paul B. Paulus, "A Simple Dynamic Model of Social Factors in Group Brainstorming," *Small Group Research* 27, no. 1 (1996): 91–114; Wolfgang Stroebe and Michael Diehl, "Why Groups Are Less Effective Than Their Members: On Productivity Losses in Idea-Generating Groups," *European Review of Social Psychology* 5, no. 1 (1994): 271–303.

28　**大眾媒體現今已在考量，如何用批評增加腦力激盪的價值：**Rochelle Bailis, "Brainstorming Doesn't Work: Do This Instead," *Forbes,* October 8, 2014; Jonah Lehrer, "Groupthink: The Brainstorming Myth," *The New Yorker,* January 30, 2012.

第6堂 ｜ 團體決策：頻繁出錯，從不懷疑

1　**「強行產生共識」的方式：**Irving L. Janis, *Victims of Groupthink: A Psycho-logical Study of Foreign Decisions and Fiascoes* (Boston: Houghton Mifflin, 1972).

2　**一項最有名的失敗決策：**"Bay of Pigs Invasion," *History,* www.history.com/topics/cold-war/bay-of-pigs-invasion (accessed December 23, 2016).

3　**「團體迷思是一種思維模式，當大家都想尋求認同」：**Irving Janis, "Groupthink," *Psychology Today* (November 1971): 43.

4　**詹尼斯在著作中推廣了這一用詞：**Janis, *Victims of Groupthink.* The term "groupthink" originally is credited to William H. Whyte Jr., but it was popularized by Janis.

5　**1961年美國政府決定：**"The Bay of Pigs Invasion Begins," *History,* www.history.com/this-day-in-history/the-bay-of-pigs-invasion-begins (accessed December 23, 2016).

6　**「立刻遭受猛烈砲火攻擊。」：**John F. Kennedy Presi-dential Library and Museum, "The Bay of Pigs," www.jfklibrary.org/JFK/JFK-in-History/The-Bay-of-Pigs.aspx.

7   這事件讓美國政府大為難堪：William M. LeoGrande, "Getting to Maybe: Next Steps in Normalizing US-Cuba Relations," *World Politics Review,* August 11, 2015, www.worldpoliticsreview.com/articles/16434/getting-to-maybe-next-steps-in-normalizing-u-s-cuba-relations.

8   「我怎麼能愚蠢到讓他們這麼做？」：Robert Dallek, "Bay of Pigs: Newly Revealed CIA Documents Expose Blunders," *Newsweek*, August 14, 2011.

9   繼之而來的研究顯示，凝聚力不一定是團體迷思的前提：Won-Woo Park, "A Review of Research on Groupthink," *Journal of Behavioral Decision Making* 3, no. 4 (1990): 229–245.

10   「女人強壯」：Garrison Keillor, "National Geographic: In Search of Lake Wobegon," December 2000, www.garrisonkeillor.com/national-geographic-in-search-of-lake-wobegon/.

11   總統與他的顧問認為行動勢必成功：Peter Wyden, *Bay of Pigs: The Untold Story* (New York: Simon & Schuster: 1979).

12   「你可能是對的，也可能是錯的」：Arthur M. Schlesinger Jr., *A Thousand Days: John F. Kennedy in the White House* (Boston: Houghton Mifflin, 1965), 259.

13   「我痛苦的譴責自己」：同前注, 250.

14   「發展提振士氣的團體規範」：Irving Janis, "Groupthink" (early draft), https://department.monm.edu/cata/McGaan/Classes/INTG415/Group-think.pdf.

15   研究似乎支持這樣一個概念：一個熱愛指揮的領導者：Park, "A Review of Research on Groupthink."

16   這表現在團體成員認同的準則上：Janis, "Groupthink" (early draft).

17   數百項研究證明了：David G. Myers and Helmut Lamm, "The Polarizing Effect of Group Discussion," *American Scientist* 63, no. 3 (1975): 297–303.

18   這現象是在冒險的研究被發現：James A. Stoner, "A Comparison of Individual and Group Decision Involving Risk," unpublished master's thesis, Massachusetts Institute of Technology; Nathan Kogan and Michael A. Wallach, "Risk-taking as a Function of the Situation, the Person, and the Group," in *New Directions in Psychology,* vol. 3, edited by T. M. Newcomb (New York: Holt, 1967).

19   不論何者，小組討論都讓他們的意見更加極端：James A. F. Stoner, "Risky and Cautious Shifts in Group Decisions: The Influence of Widely Held Values," *Journal of Experimental Social Psychology* 4, no. 4 (1968): 442–459; Colin Fraser, Celia Gouge, and Michael Billig, "Risky Shifts,

Cautious Shifts, and Group Polarization," *European Journal of Social Psychology* 1, no. 1 (1971): 7–30.

20 小組可能只有三個人：Fraser, Gouge, and Billig, "Risky Shifts, Cautious Shifts, and Group Polarization."

21 二十世紀60年代在法國的研究：Serge Moscovici and Marisa Zavalloni, "The Group as a Polarizer of Attitudes," *Journal of Personality and Social Psychology* 12, no. 2 (1969): 125–135.

22 其他研究證實了這個傾向：David G. Myers and George D. Bishop, "Discussion Effects on Racial Attitudes," *Science* 169 (1970): 778–789; Helmut Lamm and David G. My-ers, "Group-Induced Polarization of Attitudes and Behavior," in *Advances in Experimental Social Psychology,* edited by Leonard Berkowitz (San Diego, CA: Academic Press, 1978), 145–195.

23 人們被鼓勵去吃動物的內臟：Cari Romm, "The World War II Campaign to Bring Organ Meats to the Dinner Table," *The Atlantic,* September 25, 2014.

24 跟單純聽課的人相比：Kurt Lewin, *Field Theory in Social Science: Selected Theoretical Papers* (New York: Harper & Row, 1951).

25 兩個風行的理論試圖要解釋：Eugene Burnstein and Amiram Vinokur, "Persuasive Argumentation and Social Comparison as Determinants of Attitude Polarization," *Journal of Experimental Social Psychology* 13, no. 4 (1977): 315–332.

26 另一個理論是「社會比較」理論：David G. Myers and Helmut Lamm, "The Group Polarization Phenomenon," *Psychological Bulletin* 83, no. 4 (1976): 602–627.

27 兩個理論間的爭論：Daniel J. Isenberg, "Group Polarization: A Critical Review and Meta-Analysis," *Journal of Personality and Social Psychology* 50, no. 6 (1986): 1141–1151.

28 一個由蓋若‧斯塔瑟與威廉‧提圖斯所做的早期研究顯示：Garold Stasser and William Titus, "Pooling of Unshared Information in Group Decision Making: Biased Information Sampling During Discussion," *Journal of Personality and Social Psychology* 48, no. 6 (1985): 1467–1478.

29 團隊成員只分享共同資訊可能基於數個原因：Garold Stasser and Zachary Birchmeier, "Group Creativity and Collective Choice," in *Group Creativity: Innovation Through Collaboration,* edited by Paul B. Paulus and Bernard A. Nijstad (Oxford: Oxford University Press, 2003), 85–109.

30 一項研究顯示，共同的支持訊息與其他訊息相比，效果大約是三比一。：Garold Stasser, Laurie A. Taylor, and Coleen Hanna, "Information Sampling

in Structured and Unstructured Discussions of Three-and Six-Person Groups," *Journal of Personality and Social Psychology* 57, no. 1 (1989): 67–78.

31 同樣的情況也發生在一個研究：James R. Larson, Caryn Christensen, Ann S. Abbott, and Timothy M. Franz, "Diagnosing Groups: Charting the Flow of Information in Medical Decision-Making Teams," *Journal of Personality and Social Psychology* 71, no. 2 (1996): 315–330.

32 之後的研究顯示，獨有的資訊：Gwen M. Wittenbaum and Ernest S. Park, "The Collective Preference for Shared Information," *Current Directions in Psychological Science* 10, no. 2 (2001): 70–73.

33 這個診斷做出的解決方案，與原先有極大差異：Thank you, Jesse Dohemann.

34 施萊辛格並未分享自己的獨特資訊：Schlesinger, *A Thousand Days*.

35 一項對六十五個研究的綜合分析：Li Lu, Y. Connie Yuan, and Poppy Lauretta McLeod, "Twenty-Five Years of Hidden Profiles in Group Decision Making: A Meta-Analysis," *Personality and Social Psychology Review* 16, no. 1 (2012): 54–75.

36 他們有機會應用所學：US Department of State, Office of the Historian, "The Cuban Missile Crisis, October 1962," October 31, 2013, https://history.state.gov/milestones/1961–1968/cuban-missile-crisis.

37 有人建議入侵的替代方案：Morton T. Hansen, "How John F. Kennedy Changed Decision Making for Us All," *Harvard Business Review*, November 22, 2013, https://hbr.org/2013/11/how-john-f-kennedy-changed-decision-making.

38 據報導，決策過程的其他改變：同前注

39 《哈佛商業評論》的撰稿人馬丁・漢森：同前注

40 「把拉扯繩索兩端的力量放鬆」：US Department of State, Office of the Historian, "The Cuban Missile Crisis."

41 「結合不屈不撓、嚴謹自制」：Schlesinger, *A Thousand Days*, 841.

42 企業文化對良好決策有莫大幫助：Charlan Nemeth, "Managing Innovation: When Less Is More," *California Management Review* 40 (1997): 59–74.

第 7 堂｜更優質的決策：異見、多樣化與魔鬼代言人

43 「以同樣熱誠評估風險與益處」：*Harvard Business Review*, Daniel Kahneman, and Ram Charan, *HBR's 10 Must Reads on Making Smart Decisions* (Boston: Harvard Business School Publishing, 2013), jacket cover.

44 **1995年，有一起世紀審判：**Greg Braxton, "'O. J.: Trial of the Century' Revisits Murder Case as It Unfolded," *Los Angeles Times*, June 12, 2014.

45 **在審判中，關於種族主義的爭端甚囂塵上：**David Margolick, "Victims Put Up Long Fight, a Witness for Simpson Says," *New York Times*, August 11, 1995.

46 **1995年10月3日，在經過九個月作證：**Jim Hill, "Emotions High over Simpson Verdict," *CNN, October 8, 1995, www.cnn.com/US/OJ/daily/9510 /10–08/.*

47 **他搬到佛羅里達州，根據當地法律：**B. Drummond Ayres Jr., "Jury Decides Simpson Must Pay $25 Million in Punitive Award," *New York Times*, February 11, 1997.

48 **這兩起審判在許多方面不同：**"How O. J. Simpson's Criminal, Civil Trials Differed," *Seattle Times*, February 5, 1997.

49 **研究者稱為的「內團體偏私」：**Jacob M. Rabbie and Murray Horwitz, "Arousal of Ingroup-Outgroup Bias by a Chance Win or Loss," *Journal of Personality and Social Psychology* 13, no. 3 (1969): 269–277; Henri Tajfel, "Social Psychology of Intergroup Relations," *Annual Review of Psychology* 33, no. 1 (1982): 1–39.

50 **當人們被帶到實驗室：**Henri Tajfel, "Experiment in Intergroup Discrimination," *Scientific American* 223, no. 5 (1970): 96–102.

51 **邁阿密在1980年發生一起事件：**Wilson Sayre, "Smoldering Liberty City: Remembering the McDuffie Riots," *WLRN*, May 17, 2015, http://wlrn.org/post/smoldering-liberty-city-remembering-mcduffie-riots.

52 **「十幾位警察把他打到昏迷」：**David Smiley, "McDuffie Riots: Revisiting, Retelling Story—35 Years Later," *Miami Herald,* May 16, 2015.

53 **根據統計，後來三天：**"McDuffie Riots: Eerie Scene from Miami Race Riot of 1980," *Huffington Post,* May 29, 2013, www.huffingtonpost.com/2013/05/29/mcduffie-riots-miami_n_3353719.html.

54 **不只出現抗議，還有暴動：**Larry Buchanan et al., "Q&A: What Happened in Ferguson?" *New York Times,* August 10, 2015.

55 **「缺乏起訴的價值應該被結案」：**US Department of Justice, *Department of Justice Report Regarding the Criminal Investigation into the Shooting Death of Michael Brown by Ferguson, Missouri Police Officer Darren Wilson,* March 4, 2015, 86, www.justice.gov/sites/default/files/opa/press-releases/attachments/2015/03/04/doj_report_on_shooting_of_michael_brown_1.pdf.

56 **研究顯示，不一定有直接關連：**Susan E. Jackson, Karen E. May, and Kristina

Whitney, "Understanding the Dynamics of Diversity in Decision-Making Teams," in *Team Effectiveness and Decision Making in Organizations,* edited by Richard A. Guzzo, Eduardo Salas, and Associates (San Francisco: Jossey-Bass, 1995); Katherine Y. Williams and Charles A. O'Reilly, "Demography and Diversity in Organizations: A Review of 40 Years of Research," *Research in Organizational Behavior* 20 (1998): 77–140.

57　**研究顯示，人口組成多樣化：**Williams and O'Reilly, "Demography and Diversity in Organizations."

58　**因為不斷有證據顯示相似性：**Miller McPherson, Lynn Smith-Lovin, and James M. Cook, "Birds of a Feather: Homophily in Social Networks," *Annual Review of Sociology* 27 (2001): 415–444.

59　**多項研究甚至對研究的綜合分析：**Clint A. Bowers, James A. Pharmer, and Eduardo Salas, "When Member Homogeneity Is Needed in Work Teams: A Meta-Analysis," *Small Group Research* 31, no. 3 (2000): 305–327; Susan E. Jackson, Joan F. Brett, Valerie I. Sessa, Dawn M. Cooper, Johan A. Julin, and Karl Peyronnin, "Some Differences Make a Difference: Individual Dissimilarity and Group Heterogeneity as Correlates of Recruitment, Promotions, and Turnover," *Journal of Applied Psychology* 76, no. 5 (1991): 675.

60　**「不論是外在顯而易見特質的多樣化」：**Daan van Knippenberg, Carsten K. W. De Dreu, and Astrid C. Homan, "Work Group Diversity and Group Performance: An Integrative Model and Research Agenda," *Journal of Applied Psychology* 89, no. 6 (2004): 1009.

61　**「提高多樣化，是否真的增加」：**Williams and O'Reilly, "Demography and Diversity in Organizations."

62　**「政敵團隊」：**Doris Kearns Goodwin, *Team of Rivals: The Political Genius of Abraham Lincoln* (New York: Simon & Schuster, 2005).

63　**「你不是尋找跟你相似的人」：**Carrie Schwab-Pomerantz, interview with the author, June 2015.

64　**她最喜歡的書之一是《無敵》：**Carrie Schwab-Pomerantz, "Being a Leader Isn't About You—It's About Them," *LinkedIn,* July 6, 2015, www.linkedin.com/pulse/how-i-lead-being-leader-isnt-you-its-them-carrie-schwab-pomerantz.

65　**公司合夥人暨行銷長惠特尼・莫蒂默：**"Program for International Women's Forum Northern California," IDEO offices, San Francisco August 3, 2015.

66　**他的資深行銷副總也是這麼想：**Nora Denzel, interview with the author,

February 10, 2014.

67　在奧林斯工作的凱瑟林‧勒隆：Catherine LeLong, interview with the author, August 11, 2014.

68　她或許是我所知道最心胸開放的人：Jenny Johnson, interviews with the author, May 16, 2014, and June 15, 2014.

69　一項四到五人小組的實地研究：Linn Van Dyne and Richard Saavedra, "A Naturalistic Minority Influence Experiment: Effects on Divergent Thinking, Conflict, and Origi-nality in Work-Groups," *British Journal of Social Psychology* 35, no. 1 (1996): 151–167.

70　「提出大量替代方案」：同前注, 158.

71　一項最具企圖心的實地研究：Robert S. Dooley and Gerald E. Fryxell, "Attaining Decision Quality and Commitment from Dissent: The Moderating Effects of Loyalty and Competence in Strategic Decision-Making Teams," *Academy of Management Journal* 42, no. 4 (1999): 389–402.

72　「他們採用更多而非更少的資訊」：Kathleen M. Eisenhardt, Jean L. Kahwajy, and L. J. Bourgeois III, "How Management Teams Can Have a Good Fight," *Harvard Business Review* (July-August 1997).

73　人們發現，異見可以增加：Deborah H. Gruenfeld, "Status, Ideology, and Integrative Complexity on the US Supreme Court: Rethinking the Politics of Political Decision Making," *Journal of Personality and Social Psychology* 68, no. 1 (1995): 5–20.

74　這個概念與發散式思考很類似：Peter Suedfeld, Philip E. Tetlock, and Siegfried Streufert, "Conceptual/Integrative Complexity," in *Motivation and Personality: Handbook of Thematic Content Analysis,* edited by Charles P. Smith et al. (New York: Cambridge University Press, 1992), 393–400.

75　一項針對最高法院判決的研究：Gruenfeld, "Status, Ideology, and In-tegrative Complexity."

76　「見風使舵」：Dale Carnegie, *How to Win Friends and Influence People* (New York: Simon & Schuster, 1936).

77　「不退出血管成形術業務」：Jeffrey A. Sonnenfeld, "What Makes Great Boards Great," *Harvard Business Review* 80, no. 9 (2002): 106–113.

78　最近出版的書，像是湯姆‧凱利的《決定未來的10種人》：Tom Kelley, with Jonathan Littman, *The Ten Faces of Innovation: IDEO's Strategies for Beating the Devil's Advocate and Driving Creativity Throughout Your Organization* (Garden City, NY: Doubleday, 2005).

79　因此在西元1587年，他們開始用這個方法：Ricard Burtsell, "Advocatus

Diaboli," in *The Catholic Encyclopedia,* vol. 1 (New York: Robert Appleton Co., 1907), available at *New Advent,* www.newadvent.org/cathen/01168b.htm.

80　**魔鬼代言人是一種選擇機制**：Rebecca Leung, "The Debate over Sainthood," *CBS News,* October 19, 2003, www.cbsnews.com/news/the-debate-over-sainthood/.

81　**魔鬼代言人是詹尼斯青睞的解方**：Janis and Mann, *Decision Making.*

82　**「以同樣的熱誠評估風險與益處」**：*Harvard Business Review et al., HBR's 10 Must Reads on Making Smart Decisions,* jacket cover.

83　**現在有許多關於魔鬼代言人技巧的研究**：Richard A. Cosier, "The Effects of Three Potential Aids for Making Strategic Decisions on Prediction Accuracy," *Organizational Behavior and Human Performance* 22, no. 2 (1978): 295–306; Ian I. Mitroff and Richard O. Mason, "The Metaphysics of Policy and Planning: A Reply to Cosier," *Academy of Management Review* 6, no. 4 (1981): 649–651.

84　**類似的技巧辯證探詢法也是如此**：Gary Katzenstein, "The Debate on Structured Debate: Toward a Unified Theory," *Organizational Behavior and Human Decision Processes* 66, no. 3 (1996): 316–332.

85　**這技巧能有效降低判斷的偏見**：Charles G. Lord, Mark R. Lepper, and Elizabeth Preston, "Considering the Opposite: A Corrective Strategy for Social Judgment," *Journal of Personality and Social Psychology* 47, no. 6 (1984): 1231–1243; Edward R. Hirt, Frank R. Kardes, and Keith D. Markman, "Activating a Mental Simulation Mind-set Through Generation of Alternatives: Implications for Debiasing in Related and Unrelated Domains," *Journal of Experimental Social Psychology* 40, no. 3 (2004): 374–383.

86　**這討論不再是充滿辯論的情況**：Charlan Nemeth, "Interactions Between Jurors as a Function of Majority vs. Unanimity Decision Rules," *Journal of Applied Social Psychology* 7 (1977): 38–56.

87　**我進行了第一項研究，當時有三位研究生**：Charlan Jeanne Nemeth et al., "Improving Decision Making by Means of Dissent," *Journal of Applied Social Psychology* 31, no. 1 (2001): 48–58.

88　**以下技巧被發現對於記錄個人的想法十分有用**：John T. Cacioppo and Richard E. Petty, "Social Psychological Procedures for Cognitive Response Assessment: The Thought-Listing Technique," *Cognitive Assessment* (1981): 309–342.

89　**我們的研究顯示，人們有理由抱持謹慎態度**：Dorothy Leonard and Walter Swap, *When Sparks Fly: Igniting Creativity in Groups* (Boston:

Harvard Business School Press, 1999).

90 第二個研究則更進一步：Charlan Nemeth, Keith Brown, and John Rogers, "Devil's Advocate Versus Authentic Dissent: Stimulating Quantity and Quality," *European Journal of Social Psychology* 31 (2001): 707–720.

91 魔鬼代言人加強版：Cass R. Sunstein and Reid Hastie, "How to Defeat Groupthink: Five Solutions," *Fortune,* January 13, 2015.

92 我正好有機會採訪它的創辦人：Ankur Luthra and Brendan Nemeth, interview with the author, October 17, 2016.

93 如 果**Finchwood**想 買**XYZ**股 票："Short selling is the sale of a security that is not owned by the seller, or that the seller has borrowed. Short selling is motivated by the belief that a security's price will decline, enabling it to be bought back at a lower price to make a profit." "Short Selling," *Investopedia,* www.investopedia.com/terms/s/shortselling.asp (accessed December 23, 2016).

94 作為國際知名人物，她受到廣大推崇："Mother Teresa," *Wikipedia,* https://en.wikipedia.org/wiki/Mother_Teresa (accessed December 23, 2016).

95 最激烈的批評者不是別人，而是克里斯多佛·希欽斯："Christopher Hitchens," *Wikipedia,* https://en.wikipedia.org/wiki/Christopher_Hitchens (accessed December 23, 2016).

96 希欽斯抨擊德蕾莎修女：Christopher Hitchens, "Mommie Dearest," *Slate,* October 20, 2003, www.slate.com/articles/news_and_politics/fighting_words/2003/10/mommie_dearest.html.

97 「他的論據無關緊要」：Leung, "The Debate over Sainthood."

結論

1 舉例來說，一張圖片顯示老闆："Dissent Cartoons and Comics," *Cartoon-Stock,* www.cartoonstock.com/directory/d/dissent.asp (accessed December 23, 2016).

2 「我鼓勵異見」：Harry Hongda Wu and George Vecsey, *Troublemaker: One Man's Crusade Against China's Cruelty* (West Palm Beach, FL: NewsMax Media, 2002), 49–55.

3 「孤身一人的異見者冒著生命危險」："15 Rare Historical Photos You've Never Seen Before!" *BoredomBash,* December 5, 2014, http://boredombash.com/15-rare-historical-photos/.

4 「我讓你做任何事的唯一方法」：Carnegie, *How to Win Friends and Infl-*

uence People, 19.

5 大多數但並非全部的研究顯示：Cosier, "The Effects of Three Potential Aids."

6 魔鬼代言人技巧在激發思考的能力與品質上，完全比不上：Nemeth et al., "Devil's Advocate Versus Authentic Dissent."

7 這個技巧可能會帶來意想不到的負面結果：Nemeth et al., "Improving Decision Making by Means of Dissent."

8 它的使命是提升健康、教育，與平等：Denise Dunning, interview with the author, December 2016.

9 她達成這些目標的方法，不是建學校：Denise Dunning, interview with the author, March 26, 2015.

10 一位來自馬拉威的年輕女性：Reception for Let Girls Lead, March 18, 2015, San Francisco.

11 梅默里開始了她的奮鬥歷程：Joyce Hackel, "Memory Banda Escaped Child Marriage in Malawi, but Her 11-Year-Old Sister Wasn't So Lucky," *PRI*, March 12, 2015, www.pri.org/stories/2015-03-12/memory-banda-escaped-child-marriage-malawi-her-11-year-old-sister-wasnt-so-lucky.

12 馬拉威將合法結婚年齡提高：Denise Dunning and Joyce Mkandawire, "How Girl Activists Helped to Ban Child Marriage in Malawi," *The Guardian,* February 26, 2015.

13 人們必須對表達異見感到安全。：Nemeth, "Managing Innovation."

14 這樣的團體有機會成為「熱門團體」：Harold J. Leavitt and Jean Lipmen-Blumen, "Hot Groups," *Harvard Business Review* (July/August 1995), https://hbr.org/1995/07/hot-groups.

15 世界事務協會執行長珍·威爾斯：Jane Wales, interview with the author, March 2014.

16 戴爾·卡內基建議我們與人為善：Carnegie, *How to Win Friends and Influence People.*

17 奧斯本給我們四個腦力激盪的規則：Osborn, *Applied Imagination.*

18 如美國與法國兩地的研究所證實的：Nemeth et al., "The Liberating Role of Conflict in Group Creativity."

19 如果異見是正確的：This is essentially a paraphrase from John Stuart Mill's book *On Liberty*: "If the opinion is right, they are deprived of the opportunity of exchanging error for truth: if wrong, they lose, what is almost as great a benefit, the clearer perception and livelier impression of truth, produced by its collision with error." Mill, *On Liberty* (New York: Simon & Brown, 2012),

17–18.

20 　**像是壞蛋交易員「倫敦鯨」的醜聞：**Patricia Hurtado, "The London Whale," *Bloomberg*, April 23, 2015, www.bloombergview.com/quicktake/the-london-whale.

21 　**風險控管被打破超過三百次：**同前注

22 　**「思想始於不同的意見」：**Eric Hoffer, *The Passionate State of Mind: And Other Aphorisms* (Perennial Library, 1955).

國家圖書館出版品預行編目(CIP)資料

異見的力量：心理學家的7堂決策思考課
/ 查蘭‧內米斯(Charlan Nemeth)著 ; 王怡
棻譯. -- 第一版. -- 臺北市 : 遠見天下文化,
2019.03
　　面 ；　公分. -- (工作生活 ; BWL070)
譯自 : In defense of troublemakers : the
power of dissent in life and business
ISBN 978-986-479-654-0(平裝)

1.社會心理學　2.思考　3.決策管理

541.7　　　　　　　　　　　108003709

工作生活 BWL070

異見的力量
心理學家的 7 堂決策思考課

作　者 —— 查蘭・內米斯（CHARLAN NEMETH）
譯　者 —— 王怡棻

事業群發行人／CEO —— 王力行
總編輯 —— 吳佩穎
責任編輯 —— 陳珮真
封面設計 —— 張議文
版型設計 —— 黃淑雅

出版者 —— 遠見天下文化出版股份有限公司
創辦人 —— 高希均、王力行
遠見・天下文化・事業群 董事長 —— 高希均
事業群發行人／CEO —— 王力行
天下文化社長 —— 林天來
天下文化總經理 —— 林芳燕
國際事務開發部兼版權中心總監 —— 潘欣
法律顧問 —— 理律法律事務所陳長文律師
著作權顧問 —— 魏啟翔律師
社址 —— 臺北市 104 松江路 93 巷 1 號
讀者服務專線 —— 02-2662-0012 ｜ 傳真 —— 02-2662-0007, 02-2662-0009
電子郵件信箱 —— cwpc@cwgv.com.tw
直接郵撥帳號 —— 1326703-6　遠見天下文化出版股份有限公司

電腦排版 —— 極翔企業有限公司
印刷廠 —— 中原造像股份有限公司
裝訂廠 —— 中原造像股份有限公司
登記證 —— 局版台業字第 2517 號
總經銷 —— 大和圖書書報股份有限公司　電話／(02)8990-2588
出版日期 —— 2021 年 4 月 29 日第一版第 5 次印行

定價 —— NT 380 元
ISBN —— 978-986-479-654-0
書號 —— BWL070
天下文化官網 —— bookzone.cwgv.com.tw

天下文化
BELIEVE IN READING